Kaffeehaus-Brevier

Kaffeehaus-Brevier

Herausgegeben
von Stefanie Proske

Edition Büchergilde

Lizenzausgabe für die Edition Büchergilde, Frankfurt am Main • Mit freundlicher Genehmigung der Büchergilde Gutenberg, Frankfurt am Main, Wien, Zürich • Copyright © 2009 Büchergilde Gutenberg, Frankfurt am Main, Wien und Zürich • 1. Auflage 2009 • Alle Rechte vorbehalten • Gestaltung des Einbands und des Schmuckschubers: Bodo Rott, Berlin • Herstellung: Anke Rosenlöcher, Frankfurt am Main • Gesetzt aus der New Caledonia bei Pinkuin Satz und Datentechnik, Berlin • Druck und Bindung: Interpress, Budapest • Printed in Hungary 2009 • ISBN 978-3-940111-62-3

www.edition-buechergilde.de

Inhalt

Vorwort
Kaffeehaus-Glück oder Ein Hauch von großer weiter Welt

Stellen Sie sich vor: Sie sitzen in einem Café, vor sich eine Tasse mit dampfendem Kaffee, daneben die Tageszeitung oder ein Buch, das Sie interessiert, für das aber nie genug Zeit bleibt. Sie haben den Nachmittag ganz für sich, keine Termine, keine Verpflichtungen. Im Hintergrund zu hören: gedämpftes Gemurmel, Geschirrgeklapper, ein kurzes Auflachen, das Klackern von Billardkugeln.

Es gibt sie, wenn auch vereinzelt, immer noch – Cafés, die mit ihrem nostalgischen Charme an die Zeit der legendären Kaffeehäuser der Jahrhundertwende erinnern, erahnen lassen, wie es gewesen sein könnte. Damals kam man bei einer Schale Nussgold oder einem kleinen Braunen zusammen, tauschte sich aus, las, schrieb, knüpfte Kontakte, ließ sich inspirieren oder einfach nur treiben. Kaffee wurde zum Lieblingsgetränk von Journalisten, Schriftstellern und Künstlern. Im Gegensatz zum Alkohol schärfte er die Sinne, hielt wach und wärmte in den turbulenten

Zeiten des Umbruchs und des Neuanfangs. Das Kaffeehaus war den Intellektuellen Arbeitsplatz und Zuflucht in einem. Hier empfing man seine Auftraggeber und seine Post; Papier, Zeitungen aus aller Welt und Universallexika standen kostenlos zur Verfügung; man entfloh der Einsamkeit und Kälte der eigenen vier Wände. Das Kaffeehaus verhieß Freiheit und Weltläufigkeit und vermittelte das Gefühl von Zugehörigkeit. Kritische Aufmerksamkeit und Scharfzüngigkeit beflügelten den Geist der Besucher genauso wie Witz, Humor und Nonchalance.

Die in diesem Band versammelten Texte – essayistische Betrachtungen, Kurzgeschichten und Parodien – fangen diese besondere Atmosphäre ein und versetzen den Leser in die Zeit zwischen 1900 und 1930. Sie spielen in den Kaffeehäusern von Wien, Prag, Budapest und Berlin und sind verfasst von Autoren wie Peter Altenberg, Joseph Roth oder Egon Erwin Kisch, deren »Kaffeehaus-Leben« legendär wurde. Wie in jedem Brevier geht es dabei nicht um Vollständigkeit, sondern darum, das Lebensgefühl, den Glanz und das Flair der schillernd-bunten Kaffeehaus-Welt heraufzubeschwören. Lassen Sie sich entführen in den faszinierenden Mikrokosmos Kaffeehaus und gönnen Sie sich dafür die eine oder andere Auszeit im Café!

Stefanie Proske

Kaffeehaus-Kultur

*»Ohne Kaffeehaus kann man überhaupt keine Literatur ma-
chen. Jeder Mensch ist im Café ein ganz anderer als an seinem
Arbeitsplatz. Dort entwickelt er seine verborgenen Eigenschaften und Wunschträume.«*   Bruno Cassirer

Friedrich Torberg
Traktat über das Wiener Kaffeehaus

Wien ist die Stadt der funktionierenden Legenden. Böswillige behaupten, dass die Legenden überhaupt das Einzige seien, was in Wien funktioniert, aber das geht entschieden zu weit. Wer sich an das depravierte, schlaff dahinvegetierende Wien der Zwischenkriegszeit erinnert oder an das von Bomben- und Besetzungsschäden durchfurchte Wien nach 1945, wird auf den ersten Blick feststellen können, zu welchem Vorteil es sich verändert hat und wie neuartig, wie real, wie legendenfern und legendenfremd diese Veränderungen sind. Ob es sich nun um die Bewältigung großstädtischer Verkehrsprobleme handelt, um die weiträumigen Untergrundpassagen an den überlasteten Straßenkreuzungen, um Rolltreppen und Wohnbauten, um Stadion und Höhenstraße, um die moderne Ausgestaltung der öffentlichen Gartenanlagen – ach, es ist viel geleistet worden, und auf den Plakaten einer Wanderausstellung über das heutige Wien, die vor kurzem durch etliche Städte der Bundesrepublik zog, prangte in großen Lettern der Slogan »Wien – die Stadt der Arbeit«, ohne dass ringsumher das schallendste Gelächter ausgebrochen wäre.

Indessen sind Siedlungshäuser und soziales Grün und neuzeitliche Verkehrsregelungen, wie verdienstlich sie auch sein mögen, keineswegs typisch für Wien. Das gibt's auch anderswo, und häufig gibt es anderswo nichts als das. Typisch für Wien, und nur für Wien, ist nach wie vor, dass die Legenden funktionieren. Und das werden sie tun, solange es Wirklichkeiten gibt, die sich nach ihnen richten. In Wien nämlich verhält sich's nicht so, dass die Realität eines Tatbestands allmählich verblasst und legendär wird. In Wien entwickelt sich die Legende zur Wirklichkeit. Als die Wiener einander beim Heurigen lang genug vorgesungen hatten, wie gemütlich sie seien, konnten sie sich nicht mehr Lügen strafen und wurden gemütlich. Als Arthur Schnitzler in seinen Theaterstücken den Typ des »süßen Mädels« schuf, entstand das süße Mädel. Auch dass Wien je nachdem die Stadt der Lieder, eine sterbende Märchenstadt oder stets die Stadt meiner Träume sein soll, wurde erst durch die entsprechenden Texte stimuliert, und die Befürchtung drängt sich auf, dass im Prater die Bäume nicht blühen könnten, wenn sie vorher nicht die gesungene Bewilligung erteilt bekommen hätten. (Bei genauerem Zusehen wird man allerdings von einer schönen Konzessionsbereitschaft des Textdichters beruhigt: »Im Prater blühn *wieder* die Bäume«, sagt er ganz ausdrücklich und überlässt damit der Natur doch ein gewisses Prioritätsrecht.)

Wie immer dem sei: von den Lipizzanern der Spanischen Hofreitschule bis zu Burg und Oper, vom Restaurant Sacher bis zur Konditorei Demel ist es die Wirklichkeit, die der Legende nachkommt, ja geradezu nacheifert, sind es die funktionierenden Legenden, die das Charakterbild Wiens entscheidend mitbestimmen.

Die weitaus komplizierteste dieser Legenden ist das Wiener Kaffeehaus.

Versuchen wir, uns der Komplikation auf geradem Wege zu nähern. Bilden wir einen reinen, einfachen Aussagesatz:

»Ein Gast sitzt im Kaffeehaus und trinkt Kaffee.«

Man sollte meinen, dass dieser Satz an Klarheit nichts zu wünschen überlässt. In Wahrheit lässt er alles zu wünschen übrig. Er sagt zwar etwas aus, aber er besagt nichts. Kein einziger Begriff, mit denen er operiert, ist eindeutig. Vielmehr stellt sich sofort eine Reihe weiterer Fragen, von denen wir hier nur die drei wichtigsten anführen wollen:

1. Wer ist der Gast?
2. In welcher Art von Kaffeehaus sitzt er?
3. Was ist es für ein Kaffee, den er trinkt?

Die letzte Frage lässt sich am leichtesten – und für den Laien am leichtesten verständlich – beantworten. Auch dem Laien wird es einleuchten, dass man etwa in London nicht zur Cunard Line gehen und auf die Frage, was man wünsche, nicht einfach antworten kann: »Ein Schiff.« Ebenso wenig kann man in ein Wiener Kaffeehaus gehen und einfach »einen Kaffee« bestellen. Man muss sich da schon etwas genauer ausdrücken. Denn die Anzahl der Gattungen, Zubereitungsarten, Farben und Quantitäten, unter denen es zu wählen gibt, hat keine Grenzen oder hat sie erst in nebelhafter Ferne, und wer da nicht irregehen will, wird gut tun, sich wenigstens ein paar Grundbegriffe einzuprägen. Sonst könnte er versucht sein, die Bestellung »Nussbraun«, die der Kellner soeben in lässiger Verkürzung an die Küche weitergegeben hat, lediglich für die Farbangabe des bestellten Kaffees zu halten, indessen sie sich doch in erster Linie auf das Größenmaß der Schale bezieht, in der er serviert wird; sie würde vollständig nicht etwa »eine Schale nussbraun«, sondern »eine Nussschale braun« zu lauten haben. »Nussschale« bezeichnet in sinnvoll-poetischer Chiffre das kleinste der drei gebräuchlichen Größenmaße. Das mittlere heißt »Piccolo« und darf nicht mit dem gleichnamigen Zuträgerlehrling verwechselt werden, der in der Kellnerhierarchie den untersten Rang innehat und sozusagen die Nussschale unter den Kellnern ist. Als oberstes Größenmaß gilt die »Teeschale«, die, wenn sie tatsächlich Tee enthält, nicht »Teeschale« heißt, sondern »eine Schale Tee« (unter »Tasse« versteht man in Wien die Untertasse).

Was die Zubereitungsarten betrifft, so muss man heute den »normalen« Kaffee oft schon eigens verlangen, sonst bekommt man automatisch einen nach der Espresso-Methode hergestellten. In vielen Lokalen gibt es gar keinen andern mehr, zumal in den kleineren, die sich zwei verschiedene Maschinen nicht leisten können und die rentablere Espresso-Maschine vorziehen. Der Espresso kann »kurz« oder »gestreckt« zubereitet werden, je nach der

Menge des verwendeten Wassers. Als »Kurzer« verdrängt er allmählich den einst seiner Stärke wegen geschätzten »Türkischen«, der in der Kupferkanne gekocht und serviert wird. Der in Frankreich beheimatete »Café filtre« hat sich in Österreich niemals durchgesetzt. Und dass in den als »Espresso« bezeichneten Lokalen kein »normal« gekochter Kaffee ausgeschenkt wird, versteht sich von selbst.

Es war aber dieser »normale«, auf »Wiener« oder »Karlsbader« Art zubereitete Kaffee, der den Ruhm des Wiener Kaffeehauses begründet hat und die Vielfalt der möglichen Bestellungen bis heute gewährleistet, dem wir die »Melange« verdanken und den »Kapuziner«, den »Braunen« und die »Schale Gold« – Bezeichnungen, deren manche bereits offenbaren, in welchem Verhältnis Kaffee und Milch gemischt sind: bei der »Melange« zu ungefähr gleichen Teilen, bei der »Schale Gold« mit einem deutlichen Übergewicht der Milch, beim »Braunen« mit einem ebenso deutlichen Übergewicht des Kaffees, beim »Kapuziner« mit einem noch deutlicheren. Die Kenntnis dieser Kombinationen ist für eine halbwegs fachmännische Bestellung unbedingt erforderlich. Hinzu kommen der keiner Erklärung bedürftige »Schwarze« oder »Mokka«, der »Einspänner« (ein Schwarzer im Glas mit sehr viel Schlagobers), der »Mazagran« (ein durch Eiswürfel gekühlter, mit Rum versetzter Mokka) und eine schier unübersehbare Menge von Variationen der oben angeführten Grundfarben, je nach Neigung und Sekkatur des Gastes, und gewöhnlich durch ein an die Bestellung angehängtes »mehr licht« oder »mehr dunkel« angedeutet. Ein Perfektionist unter den einstigen Kellnern des Café

Herrenhof trug ständig eine Lackierer-Farbskala mit zwanzig nummerierten Schattierungen von Braun bei sich und hatte den erfolgreichen Ehrgeiz, seinen Stammgästen den Kaffee genau in der gewünschten Farbtönung zu servieren. Bestellungen und Beschwerden erfolgten dann nur noch unter Angabe der Nummer: »Bitte einen Vierzehner mit Schlag!« oder »Hermann, was soll das? Ich habe einen Achter bestellt, und Sie bringen mir einen Zwölfer!« Aber das waren Mätzchen, die über ihren engern Ursprungsbezirk nicht hinauskamen und keine Allgemeingültigkeit beanspruchten, so wenig wie der »Sperbertürke«, ein doppelt starker, mit Würfelzucker aufgekochter »Türkischer«, den der Wiener Rechtsanwalt Hugo Sperber, im Café Herrenhof, vor anstrengenden Verhandlungen einzunehmen liebte; oder der »überstürzte Neumann«, die Erfindung eines andern, Neumann geheißenen Stammgastes, die darin bestand, dass das Schlagobers nicht auf den bereits fertigen Kaffee, sondern auf den Boden der noch leeren Schale gelagert und sodann mit heißem Kaffee »überstürzt« wurde.

Die Kenntnis all dieser Nuancen und Finessen darf jedoch vom durchschnittlichen Kaffeehausbesucher schon deshalb nicht verlangt werden, weil auch der durchschnittliche Kaffeehauskellner heute nur über äußerst mangelhafte Kenntnisse verfügt und selbst im Allgemeingültigen nicht immer Bescheid weiß. Wie es denn überhaupt Zeit zu der Feststellung ist, dass vieles vom bisher Gesagten sich auf unwiederbringlich Vergangenes bezieht und dass im Wiener Kaffeehausleben sehr erhebliche, ja fundamentale Veränderungen vor sich gegangen sind.

Damit haben wir die verschiedenen Arten von Kaffee, die ein Gast in einem Wiener Kaffeehaus trinken kann (oder konnte), hinter uns gelassen und kommen zu unserer zweiten Frage, zur Frage nach den verschiedenen Arten von Kaffeehaus, die es gibt – und die es nicht mehr gibt. Weil aber zwischen Kaffeehaustypen und Gästetypen ein unlöslicher Kausalnexus besteht, weil sie einander formen und bedingen, wird in diesem Zusammenhang auch die Frage nach dem Gast zu beantworten sein, der im Wiener Kaffeehaus sitzt – und nicht mehr sitzt.

Es wäre ein aussichtsloses Unterfangen, das vielschichtige Phänomen »Kaffeehaus« auf einen Nenner bringen zu wollen. Seine Typen liegen zu weit auseinander. Jenes »kleine Café in Hernals«, von dem ein populäres Lied der Dreißigerjahre zu singen und zu sagen wusste, dass dort »ein Grammophon mit leisem Ton an English Valse« spielt, hat so gut wie nichts mit dem als »Literatencafé« bekannten Typ gemeinsam; das gleißnerisch verchromte, meist an ein vornehmes Hotel angeschlossene Kaffeehaus der City so gut wie nichts mit dem kleinen, in einer engen Nebengasse gelegenen »Beisl«, das den Schweizern in der Gasthausform »Beitz« bekannt ist.° Periphere Erscheinungen wie die »Café-Konditorei« oder die »Jausenstation« draußen im Grünen können hier außer Betracht bleiben.

Anders und verwirrender verhält es sich mit dem »Ca-

° Die schweizerische »Beitz« wurzelt ebenso wie das wienerische »Beisel« im hebräischen »Bajis« = Haus.

fé-Restaurant«, das um 1925 aufkam und lange vor dem »Espresso« die eigentliche, radikale Erschütterung der klassischen Kaffeehausatmosphäre mit sich brachte. Bis dahin hatte man – außer den zahllosen Arten von Weißgebäck und sonstigen Bäckereien (denen ein eigenes Kapitel zu widmen wäre) – im Kaffeehaus nichts »Richtiges« zu essen bekommen. Es gab belegte Brote und, wenn es unbedingt etwas Warmes sein musste, ein Paar Würstel oder eine Eierspeise: Notlösungen, als solche gemeint und beabsichtigt. Denn ins Kaffeehaus kam man ja nicht *zum*, sondern *nach* dem Essen, nicht um der fleischlichen, sondern um der geistigen Nahrung willen. Der Einbruch von Küche und Keller in den Kaffeehausbetrieb, das Auftauchen umfangreicher Speisen- und Getränkekarten mit regulären »Menus« war mehr als ein bloß formaler Bruch mit jahrhundertealten Traditionen. Es war die erste, verhängnisvolle Konzession an die veränderten Zeitläufte, ein Zurückweichen vor ihren materialistischen Tendenzen, ein resigniertes Eingeständnis, dass immer weniger Menschen bereit waren, für Colloquium und Convivium auch nur eine warme Mahlzeit zu opfern (oder diese Mahlzeit anderswo einzunehmen). Der Dienst am Kunden obsiegte über den Dienst am Geist.

Aber wie das in Wien schon geht, und wie es späterhin auch dem »Espresso« ergehen sollte: der Sieg wurde nicht ausgenutzt, sondern nützte sich ab, versandete, verschlampte und blieb in jener Halbschlächtigkeit stecken, aus der noch stets die einzige Entscheidung erwachsen ist, die der Österreicher mühelos zu treffen vermag: keine Entscheidung zu treffen. In gewisser Hinsicht war es sogar ein Pyrrhussieg. Denn das große Kaffeehaussterben, das nach dem Zweiten Weltkrieg einsetzte, betraf hauptsächlich die Café-Restaurants und ging ohne Zweifel auch darauf zurück, dass für diese Mischform keine rechte Notwendigkeit mehr bestand. Im Gasthaus, wo man ohnedies besser und billiger essen konnte, gab es seit Einführung der Espresso-Maschinen auch sehr guten Kaffee (was früher nicht immer der Fall gewesen war), und wem es darauf ankam, Zeitungen zu lesen oder mit Freunden beisammenzusitzen, der hielt es lieber mit den »echten« Kaffeehäusern, die nach wie vor bestanden.

Und nach wie vor bestehen. Es kann gar nicht genug unterstrichen werden, dass sie es sind, die den Begriff des »Wiener Kaffeehauses« verkörpern, sie und nicht das Literatencafé, das man besonders im Ausland gerne mit dem Wiener Kaffeehaus identifiziert – verständlicherweise, denn es waren notwendig Literaten, die über das Kaffeehaus schrieben, und sie stützten sich dabei notwendig auf die Wahrnehmungen, die sie in »ihrem« Kaffeehaus, also in einem Literatencafé gemacht hatten. Das Literatencafé mag immerhin die ziselierteste Ausprägung des Kaffeehausbegriffs sein, aber es ist nicht repräsentativ für ihn, und es stellt nicht einmal in sich einen fest umrissenen Typus dar, der sich eindeutig definieren ließe. Eindeutig war, in neuerer Zeit, immer nur das jeweils »führende« Literatencafé festzustellen, das Café Griensteidl etwa, wo sich um 1890 die Vertreter des damaligen »Jung-Wien« – Schnitzler, Hofmannsthal, Beer-Hofmann, Hermann Bahr – zusammenfanden, und von dessen Abbruch Karl Kraus die Anregung zu seiner ersten, noch vor Gründung der »Fackel« erschienenen Streitschrift empfing (»Die demolirte Litteratur«, 1896). Es folgte – mit Karl Kraus, Peter Altenberg, Egon Friedell und Alfred Polgar als sozusagen »gründenden« Stammgästen – das Café Central, das seinen Rang bis zum Ende des Ersten Weltkriegs beibehielt und vom Café Herrenhof abgelöst wurde, dem letzten der großen Reihe, dessen Glanzbesetzung etwa durch die Namen Hermann Broch, Robert Musil, Franz Werfel und Joseph Roth gekennzeichnet ist, und das nach dem Zweiten Weltkrieg noch eine kurze, schon ein wenig asthmatische Renaissance erleben durfte, ehe es zum Mittagstisch für die Beamten der umliegenden Ministerien herabsank und 1960 endgültig seine Pforten schloss.

Dies also waren die führenden, die Literatencafés im engeren Sinn. Im weiteren Sinn entsprachen der gängigen Vorstellung, die sich mit dieser Bezeichnung verband, mehr oder weniger alle Kaffeehäuser, in denen eine gewisse Anzahl geistig und künstlerisch interessierter Menschen – das, was man heute »Intellektuelle« nennt – sich regelmäßig einfand. Solcher Kaffeehäuser gab es sehr, sehr viele, und solcher Kaffeehäuser gibt es heute nur noch sehr, sehr wenige.

Die Ursachen – politischer, soziologischer und technischer Art – liegen auf der Hand. Das Stammpublikum dieser Kaffeehäuser war, wie das geistig und künstlerisch interessierte Publikum insgesamt, zu großem Teil jüdisch. Vor

1938 lebte in Wien fast eine Viertelmillion Juden. Heute zählen sie knappe Zehntausend. Das ist das eine, und daran ist nicht zu rütteln: Es macht sich wahrlich auch auf anderen Gebieten des öffentlichen Lebens geltend, aber auf keinem so nachhaltig und mit so einschneidenden Folgen wie hier. Was nicht etwa besagen soll, dass es in Wien keine Literaten, keine Intellektuellen, keine geistig und künstlerisch interessierten Menschen mehr gäbe. Natürlich gibt es sie. Aber sie sind nicht nur in ihrer Anzahl empfindlich reduziert, sie sind es auch in ihren Möglichkeiten zum Kaffeehausbesuch. Sie sind – und damit kommt die Soziologie ins Spiel – beschäftigt. Sie haben zu tun. Sie sind nur noch potentielle Kaffeehaus-Stammgäste, keine praktischen mehr. Sie bringen alle Erfordernisse eines Stammgastes mit, nur sich selber nicht. Sie haben keine Zeit. Und Zeithaben ist die wichtigste, die unerlässliche Voraussetzung jeglicher Kaffeehauskultur (ja am Ende wohl jeglicher Kultur). Auch die Stammgäste der früheren Literatencafés waren beschäftigt: zum Teil eben damit, im Kaffeehaus zu sitzen, zum Teil mit Dingen, die sie im Kaffeehaus erledigen konnten und wollten. Dort schrieben und dichteten sie. Dort empfingen und beantworteten sie ihre Post. Dort wurden sie telefonisch angerufen, und wenn sie zufällig nicht da waren, nahm der Ober die Nachricht für sie entgegen. Dort trafen sie ihre Freunde und ihre Feinde, dort musste man hingehen, wenn man mit ihnen sprechen wollte, dort lasen sie ihre Zeitungen, dort diskutierten sie, dort lebten sie. (Kürschners Literaturkalender verzeichnete jahrelang als Peter Altenbergs Adresse: »Café Central, Wien 1.«) In ihrer Wohnung schliefen sie nur. Ihr wirkliches Zuhause war das Kaffeehaus.

Warum ist es das nicht mehr? Auch für jene nicht, die konstitutionell dafür geeignet wären? Liegt es an ihnen, dass sie im Kaffeehaus nicht mehr arbeiten können? Liegt es am Kaffeehaus?

Es liegt an ihrer Arbeit. Es liegt an der Technik, die sich mit Politik und Soziologie zu unheimlichem Trifolium zusammengeschlossen hat. Es liegt an dem, dass die heutigen Dichter direkt in die Schreibmaschine dichten, und die kann man ins Kaffeehaus nicht mitnehmen; dass sie ihre Hörspiele der Sekretärin diktieren, die man ins Kaffeehaus gleichfalls nicht mitnehmen kann (oder nicht zum Diktieren); dass auch der Produktionsleiter der Fernseh-Dramaturgie, der Programmdirektor der Funkabteilung »Kulturelles Wort« nicht ins Kaffeehaus kommen können, sondern in ihren Studios und Büros aufgesucht werden wollen – mit Recht, denn sie haben ebenso wenig Zeit wie ihre Autoren und bekommen dafür ebenso viel Geld. Und selbstverständlich haben sie alle sowohl zu Hause wie im Büro ein Telefon, so dass sie nicht darauf angewiesen sind, sich im Kaffeehaus kostenlos anrufen zu lassen oder die sechs Minuten Sprechdauer, die ihnen der einmalige Münzeinwurf zugesteht, für drei Gespräche auszunutzen. Nicht nur ihr eigenes Telefon haben sie, die meisten von ihnen haben auch ihr eigenes Auto. Das sind Berufsbehelfe. Das ist längst kein Luxus mehr. Ein Luxus ist es, Zeit zu haben. Noch die armseligsten Insassen der alten Literaturcafés konnten sich diesen Luxus leisten. Sie waren arm und selig. Geld zu verdienen galt ihnen beinahe als schimpflich. Zur Bezahlung der Zeche – wofern man sie nicht einfach schuldig blieb – waren die Mäzene da, die es gleichfalls nicht mehr gibt, und gäbe es sie, dann hätten sie gleichfalls keine Zeit. Die Insassen der heutigen Literaturcafés sind ihre eigenen Mäzene. Das Kaffeehaus ist nicht mehr das Um und Auf ihres Daseins, sondern bestenfalls das Drum und Dran. Es spielt keine Rolle mehr. Es ist ihnen gleichgültig, vielleicht sogar angenehm, aber nicht unentbehrlich. Sie können ins Kaffeehaus gehen, aber sie müssen nicht. Wenn sie hingehen, tun sie dem Kaffeehaus einen Gefallen, nicht sich. Es ist ihnen keine Lebensnotwendigkeit mehr, es ist nicht mehr der Humus, ohne den sie verdorren würden, ohne den sie nicht gedeihen könnten und nichts hervorbringen.

Denn die Produktivkraft des einstigen Literatencafés, im engern wie im weitern Sinn verstanden, war enorm. Im Kaffeehaus wurden literarische Schulen und Stile geboren und verworfen, vom Kaffeehaus nahmen neue Richtungen der Malerei, der Musik, der Architektur ihren Ausgang.

Überflüssig zu sagen, dass jedes dieser Kaffeehäuser seine eigene, unverwechselbare, eifersüchtig gehütete Note und Atmosphäre hatte. Ein Stammgast des »Central« oder des »Herrenhof« hätte sich im »Museum«, dem Kaffeehaus der Maler, so fremd und verlassen und ausgestoßen gefühlt wie ein Stammgast des Musikercafés »Parsifal« im Journalistencafé »Rebhuhn«. Heute eignen Reste von Unverwechselbarkeit allenfalls noch dem »Raimund« und dem »Hawelka«, zwei echten Kaffeehäusern, jenes zur Literatur, dieses zur bildenden Kunst tendierend. Aber die Grenzen verfließen. Man sieht im »Hawelka« auch Schriftsteller und Journalisten, im »Raimund« auch avantgardistische Malerbärte, und Schauspieler in beiden. Unverwischte und unverfälschte Atmosphäre ist eigentlich nur noch dort zu finden, wo sie nicht von den Gästen abhängt, wo eine Lokalität als solche ihren eigenen Stil entwickelt und aufrechterhalten hat: beim »Demel«, oder in der von Wiens rebellischem Architekten Adolf Loos 1907 erbauten und unter Denkmalschutz stehenden »Kärtner-Bar«, oder in einigen der kleinen, versteckten Heurigen. Und das sind keine Kaffeehäuser.

Dennoch verfügen sie über Wesenszüge, die sie mit dem echten Kaffeehaus inniger verbinden, als das echte mit dem unechten verbunden ist. Zu diesen Wesenszügen gehören Kontinuität, Regelmaß, Selbstbescheidung, gehört die Fähigkeit, Grenzen zu ziehen und sie nicht zu überschreiten. Genau diese Wesenszüge wird man in den echten Kaffeehäusern finden, die trotz der Kassandrarufe oberflächlicher Reisefeuilletonisten und klischeefreudiger Untergangsstimmungsmacher keineswegs aussterben, sondern sich lediglich in die ihnen gemäßen Grenzen – welche sie kennen – zurückgezogen haben. Zurück aus der City, die sich auch hier, dem internationalen Reisepublikum zu schnödem Gefallen, einer so trostlosen Nivellierung anheimgibt, dass man in wenigen Jahren nicht mehr wissen wird, ob das Lokal, in dem man gerade sitzt, zu Wien oder Kopenhagen oder Buenos Aires gehört. In solchem Weichbild hat das Wiener Kaffeehaus nichts zu suchen.

Aber gleich jenseits des Rings, wo's auf die Gürtellinie zugeht und wo Wien noch Wien ist, lebt auch das Wiener Kaffeehaus unverändert weiter, mit unverrückbaren Stammtischen und Stammgästen, jahrzehntelang vom selben Ober betreut, mit Tarock- und Schach- und Billardpartien wie eh und je, mit Zeitungen für viele Stunden und immer neu herangetragenen Gläsern voll frischen Wassers, mit Abgeschiedenheit oder Gesprächen, mit Stille oder Geselligkeit ganz nach Wunsch. Und wenn nicht alles trügt, hat von dort her sogar ein Rückstoß eingesetzt, schickt das Kaffeehaus sich an, sein in der City verlorenes Terrain wieder zu erobern und zu kultivieren. Als vor etwa einem Jahrzehnt die ersten »Espresso« geheißenen Lokale sich auftaten, gebärdeten sie sich als völlig neuer Typ, taten wenig für die Bequemlichkeit und alles für die Eile des hastigen Großstädters, hießen ihn seine Konsumation im Stehen oder bestenfalls auf Barhockern vertilgen, offerierten unter schaurig eisgekühltem Glas allerlei vertrockneten Imbiss und ließen sich's überhaupt angelegen sein, ihrer Bezeichnung in jeder Weise gerecht zu werden. Aber schon bald begann es dort minder express herzugehen. Verstohlen und erst nur im Hintergrund tauchten kleine Tische und Stühle auf, die sich immer kühner nach vorn schoben und an denen man wenig später ein rechtschaffen belegtes Brot, ein Paar Würstel oder eine Eierspeise serviert bekam, ganz wie im echten Kaffeehaus. Und als das Lokal sich entweder rückwärts oder ins darübergelegene Stockwerk ausdehnte, als wie zufällig die ersten Mittagsblätter auf den Tischen herumlagen und allmählich die Morgenblätter und die wichtigsten ausländischen Zeitungen hinzukamen: da konnte es keinen Zweifel mehr geben, wo die Entwicklung hinsteuerte.

Wenn es schon nicht der reine Geist war, der hier obsiegte – der Geist des Kaffeehauses war es ganz gewiss. Der schlampige, korrupte, unbezwingliche und unvergleichliche Geist des Wiener Kaffeehauses.

Otto Friedlaender
Kaffeehaus

Gast- und Kaffeehäuser sind heiß und rauchig. Bei Türen und Fenstern zieht es herein, trotz aller Decken und Vorhänge. Das Gas gluckst und braust in den Auerbrennern. Es gibt riesige Spiegel mit goldenen Rahmen und sogar echte Ölgemälde zur Dekoration der Wände, aber die Sessel sind hart und unbequem. Die paar guten Plätze, wo es hell ist und nicht zieht, gehören den Stammgästen, und auch die wenigen guten gepolsterten, mit rotem Plüsch überzogenen Sessel. Von selber setzt sich der Zufallsgast nicht auf diese sichtlich privilegierten Plätze. Jeder Mensch kann in jedes Kaffeehaus gehen – ausgenommen natürlich die Damen. Damen allein werden nicht bedient, wenn sie aber bedient werden, ist das kein gutes Zeichen – dann sind sie offiziell geduldet, um dort Herrenbekanntschaften zu machen, und werden dabei generös von den Kellnern gefördert, die ihrerseits wieder von den Damen generös bedacht werden. Aber wirkliche Damen gehen nur nach einer Soiree oder nach dem Ball mit ihren Herren ins Kaffeehaus und kommen sich dabei so verrucht vor wie ein Mann, der in einen Harem geführt wird. Sie schlagen die Füße übereinander, legen den Kopf zurück und rauchen Zigaretten.

Das Kaffeehaus ist das Laster des Wieners. Es gibt in Wien wenige Alkoholiker und noch weniger Morphinisten, aber viele tausend Kaffeehaussüchtige. Im Kaffeehaus verfliegt die Zeit. Man spielt dort Karten und Billard, man liest Zeitung, man raucht eine Zigarre, man plauscht, man schreibt Briefe, man trifft sich mit den Leuten, die so interessant sind, dass man sie nach Hause nie einladen könnte. Wenn man in Wien einen Bekannten geringschätzig beschreiben will, so sagt man: eine Kaffeehausbekanntschaft. In das Kaffeehaus flüchtet man vor der Familie, vor den Frauen, nach den Frauen …

Das Kaffeehaus ist der Klub des Wieners – ein idealer Klub ohne Statuten, ohne Affären, ohne Ehrengericht. Jeder kann von der Straße hereinkommen. Dem Schicksal steht die Tür des Kaffeehauses offen – es kann jeden Augenblick daherkommen: Der Mann, der die Wendung ins Leben bringt – die gute oder böse –, der Verführer, der Wohltäter, der Mann mit dem großen Geschäft, das einen heraushebt; denn Geschäfte werden in Wien im Kaffeehaus gemacht wie in Italien oder im Orient. Wenn die Gattin ihrem Mann vorwirft, dass er seine ganze Zeit im Kaffeehaus vertrödelt, dann sagt er seufzend: »Ich arbeit im Kaffeehaus mehr als ein anderer in seinem Geschäft.« Das muss nicht, aber es kann wahr sein.

Wenn man in ein Geschäft kommt und dort nach dem Chef fragt, dann sagt der Kommis: »Finden den Herrn Chef jetzt zuverlässig im Café Rebhuhn.« Und die Herren aus Berlin wundern sich und sagen: »Sonderbare Kunden sind diese Wiena, sitzen während der besten Geschäftsstunden im Kaffeehaus bei 'ner Kartenpartie …« Ja, es ist nicht zu leugnen: das Kaffeehaus ist das Laster des Wieners … Es ist ein Rausch ohne Gift … Träumerischer Müßiggang löst das Geschäft unmerklich ab … Man kann allein sein, ohne sich allein zu fühlen – das ist dem Wiener die liebste Form der Geselligkeit … Man kann reden, wenn man Lust dazu hat, man kann aber ebenso die Zeitung vor die Augen halten, wenn das Gespräch einen langweilt, und niemand ist da beleidigt. Das ist jene Formlosigkeit, die der Wiener zu seinem Behagen braucht. Und es ist ruhig im Kaffeehaus – man hört nichts als das freundliche Geklapper der Billardkugeln und der Dominosteine, das Klirren der Kaffeetassen, das Aufschlagen der Tarockkarten und nur gelegentlich ein paar erregte, lautere Worte, die einem gelungenen oder misslungenen Pagatultimo nachgerufen werden. Gespräche werden nur in gedämpftem Ton geführt. Und es gibt keine Frauen – auch das gehört zum Behagen des Wieners.

Jeder Mensch in Wien hat sein Kaffeehaus, und dort trifft man ihn sicherer als zu Hause. Es gibt politische Kaffeehäuser mit Ministern und Abgeordneten, wie das Café Pucher oder das Café Zentral. Die Großindustrie trifft man im Café Schrangl auf dem Graben, die Professoren im Café Landtmann, die Künstler im »Museum«, die Dichter im

Säulenhof vom »Zentral« – jedes Kaffeehaus hat seinen Stammkreis, und manches hat mehrere verschiedene. Da sitzen zum Beispiel in der rechten Hälfte die Herren von der Produktenbörse und in der linken die Beamten von einem Ministerium. Kein Mensch von der linken Hälfte kennt irgendwen von der rechten. In den Kaffeehäusern der Josefstadt sitzen am Vormittag die Studenten und studieren, um das Heizen zu ersparen. Am Vormittag kostet der Kaffee weniger – er ist auch schlechter als am Nachmittag.

Der »kleine Schwarze« ist die Eintrittsgebühr ins Kaffeehaus. Alle halbe Stunde bekommt man frisches Wasser serviert, und dabei kann man viele Stunden lang sitzen. Das Klima ist in Wien für ein Leben auf der Straße, wie der Italiener es führt, zu rau. Stattdessen lebt der Wiener im Kaffeehaus – es ist ihm das, was den Griechen die Agora war. Gewiss hätte sich Sokrates in einem Wiener Kaffeehaus wohlgefühlt. Es ist vielleicht der Ort auf Erden, an dem das gelöste, witzige, phantasievolle, grüblerische, scharfsinnige, zynische Gespräch der Griechen, dieses von aller Pedanterie und wissenschaftlicher Bindung freie Spiel im geistigen Raum, sich am längsten lebendig erhalten hat. Die Frauen haben diesen Zauber aus dem Kaffeehaus vertrieben. Sie haben es natürlich erobert. Das lag ja unvermeidlich im Geist der Zeit. Seitdem sich die Frauen emanzipiert haben, lassen sie die Männer gar nirgends mehr allein – nicht mehr im Kaffeehaus, nicht mehr beim Sport, nicht mehr im Beruf … Das Kaffeehaus war einmal wie der Vatikan eine Männerwirtschaft: prächtig, unbequem, schlampig, eine

Domäne männlichen Geistes und männlicher Einsamkeit. Was wäre der Vatikan, wenn da plötzlich Frauen etwas zu reden hätten! Es ist derselbe Geist, der gegen Klöster und gegen den Zölibat kämpft, der die Frauen ins Kaffeehaus eindringen lässt – der Geist der Entweihung, der keinen »Jardin secret« mehr respektiert.

Die rechte Freude am Kaffeehaus hat nur der Stammgast. Wer kein Stammgast ist, hat überall in Wien ein schweres Leben, aber man wird rasch Stammgast. Der Wiener ist stolz darauf, ein Stammgast zu sein, und führt es gerne seinen Freunden vor, welche Vorzüge er als solcher genießt. Zum Stammgast wird man vom Kellner ernannt. Der Kellner ist wie ein Lehrer in der Schule: er teilt gute und schlechte Noten aus. Nicht immer kriegt der, der am meisten konsumiert und die größten Trinkgelder gibt, die besten Noten. Der Kellner weiß, wer ein feiner Herr ist. Er ist aber nicht nur gerecht, er ist auch gütig; er sorgt für die Liebes- und Geldbedürfnisse seiner Stammgäste. Der Raunzer sagt: »Die Wiener Kellner sind Kuppler und Wucherer«, aber das ist ebenso ein Missverständnis, wie wenn man beim Sport einen Amateur mit einem Professional verwechselt. Manchmal ist es ja wirklich zum Verwechseln, aber im Prinzip ist es ein gewaltiger sozialer Unterschied. Wenn ein Kellner einem Gast einmal einen Hunderter leiht, dann bekommt er ihn am anderen Tage mit fünf Gulden Trinkgeld zurück – 1825 Prozent pro anno rechnet entsetzt der Pedant aus –, oder er sieht ihn niemals wieder. Das ist eher Spiel als Wucher. Und wenn er dem Herrn Baron die schlanke Blonde empfiehlt, dann ist es der gefällige Wink eines Kavaliers an den anderen. Er ist ein Mäzen: Studenten und Künstlern schreibt er endlos die Zeche auf – und neugierig ist er: wenn ein Gast zweimal kommt, weiß er, wie er heißt, wo er wohnt, was er treibt, mit wem er telefoniert. Wenn er ihm in den Rock hilft, schaut er rasch über den Kragen, um zu sehen, ob der Rock von einem feinen Schneider und mit Seide gefüttert ist. Gelegentlich macht die Polizei von solchen detaillierten Kenntnissen Gebrauch. Ein Spitzel, sagt der Raunzer – aber er ist nur ein Amateurreporter, Amateurdetektiv, und wie dieser trägt auch er einen Frack. Neidvoll rechnet ein Mittelschulsupplent aus, was so ein Kellner verdient, und nimmt sich vor, wenn er wieder auf die Welt kommt, nicht mehr so viel zu studieren.

Mit den Jahren legt sich ein Kellner, wenn er aufgeweckt ist, hübsch viel Geld zurück. Dann heiratet er eine Köchin mit Ersparnissen oder eine verwitwete Kaffeesiederin und wird selber Chef. Dann legt er den Frack ab, steht mit strengen Chefblicken an das Buffet gelehnt und geht dann im Lokal herum, um Gäste zu begrüßen, den oder jenen mit einer Ansprache auszuzeichnen und einmal auch bei einer Tarockpartie mitzuwirken.

Am Buffet aber zwischen den silbernen Aufsätzen mit den Zuckertassen und den Rumflascherln waltet reich an Reiz, der nie veraltet, mit wogendem Busen, Brillanten in den Ohren und mit einem hohen blonden Schopf frisch gebrannter Haare die »Gnädige«. Meistens ist sie es nicht persönlich, sondern eine sogenannte Sitzkassierin, aber immer ist sie eine üppige, freundlich lächelnde Dame, in der sich Koketterie, Tugend und Gewissenhaftigkeit vereinen müssen. Es gehört zu den Pflichten eines Weltmannes, sich gelegentlich zu ihr an das Buffet zu lehnen und ihr einige scherzhafte Komplimente zu machen. Zu ihrem Namenstag bringt man ihr Bonbons, aber nie hat man noch gehört, dass ein Stammgast mit einer Sitzkassierin »etwas gehabt« hätte. Es muss einer der solidesten Berufe sein. Heute gibt es auch keine Sitzkassierin mehr – die Registrierkasse in der Küche hat sie verdrängt –, sie ist einmal die einzige Vertreterin tugendhafter und reizvoller Weiblichkeit in der Klausur des Wiener Kaffeehauses gewesen.

Heute gibt es im Kaffeehaus Licht, Lärm, Frauen, bequeme Sessel, und es zieht nicht mehr. Man bekommt nicht nur Kaffee, sondern auch zu essen. Die Kellner tragen Brillen, sie rechnen zehn Prozent für Bedienung, und Trinkgeld nehmen sie außerdem. Sie klagen über die schlechten Zeiten, sie leihen ihren Gästen kein Geld und vermitteln ihnen auch keine Liebesabenteuer mehr. Das ist auch gar nicht mehr nötig, seitdem die anständigen Damen ins Kaffeehaus kommen …

Zoltán Zelk
Der Traum

Gestern Nacht hatte ich einen Traum. Ich könnte auch sagen, hörte einen, denn er begann damit, dass an meine Tür geklopft wurde, und setzte sich mit einem Dialog fort. Das Gesicht des Besuchers behielt ich nicht in Erinnerung, umso mehr aber seine Stimme, die – solcher Unsinn fällt einem auch nur im Traum ein – rauchfarben war. […] – Treten Sie ein! – ermunterte ich den Anklopfenden, worauf die abgesperrte Tür geöffnet wurde und ein alter Mann, älter als ich selbst es bin, das Zimmer betrat. – Sind Sie derjenige, der als Achtzehnjähriger in Budapest angekommen, vom Trittbrett des Zuges geradewegs ins *Café Centrál* sprang? – Jawohl, mein Herr, der bin ich. – Sind Sie derjenige, der jahrzehntelang ausschließlich in Kaffeehäusern lebte, der durch die Tür des *Centrál* schnurstracks ins *Japán* stürzte, vom *Japán* durch dessen Drehtür ins Kaffeehaus *Bucsinszky* gespült wurde, um von dort, ohne den Gehsteig zu berühren, ins *Café Simplon* zu wechseln? – Ja, der bin ich. – Sind Sie derjenige, der aus den Kaffeehäusern vertrieben, im Sommer 1943 im Wald zu Wassilkowo den ersten Preis beim Ratespiel *Wer weiß mehr* – eine Scheibe Brot – für die Aufzählung von hundertfünfzig Budapester Kaffeehäusern in einem Atemzug gewann? – Ja, ich gebe es zu. – Dann bin ich richtig bei Ihnen. Ich war seit mehr als vierzig Jahren nicht mehr in Ungarn, auch jetzt kam ich nur, um Sie etwas zu fragen. – Stehe zu Diensten. – Sagen Sie mir, frequentiert Ferenc Molnár noch immer das *New York*? – Nein, das tut er nicht mehr. Vor etwas mehr als zwanzig Jahren wurde ein Sportartikelgeschäft zwischen den Säulen des *New York* eröffnet. Es wurde später zwar wieder zum Kaffeehaus, doch heißt es jetzt *Hungária*. – Hm. Aber Frigyes Karinthy sitzt nach wie vor im *Hadik*? – Das kann er nicht mehr. An der Stelle des *Hadik* befindet sich ein Textilgeschäft. – Seltsam! Nun, wenn ich das *Café Japán* betrete, werde ich doch auf Jenő Tersánszky, Attila József und Andor Kellér treffen? – Leider nein. Das *Japán* ist kein Café mehr, sondern eine Buchhandlung. – Sagen Sie, wollen Sie mich frotzeln? Warum behaupten Sie nicht auch, dass Lajos Nagy nicht mehr ins *Bucsinszky* geht, weil dort jetzt eine Farbenhandlung betrieben wird? – Genau das behaupte ich: Was Ihnen als *Café Bucsinszky* in Erinnerung ist, ist jetzt eine Farbenhandlung. Und ich erspare Ihnen weitere Fragen: Auch Dezső Szabó sitzt nicht mehr am Panoramafenster des *Philadelphia*, denn es dient jetzt als Auslage einer Fleischerei. Im *Simplon* dürfen Sie Kassák nicht suchen, denn das Kaffeehaus, das drei Straßenseiten hatte, wurde parzelliert: Ein Espresso, eine Süß-

warenhandlung, ein Gemüsegeschäft und ein Postamt befinden sich an seiner Stelle. – Unglaublich! Und in welches setzen Sie sich? – Ich werde mich in Hinkunft nur
mehr auf den Rinnstein setzen können. Am zweiten Mai
beginne ich einen Sitzstreik: Ich setze mich Ecke Ringstraße / Dohánystraße auf den Gehsteig und bleibe bis zu
meinem Tod dort. Denn an dem Tag wird das vom *New
York* zum Sportartikelgeschäft, vom Sportartikelgeschäft
zum *Hungária* mutierte Lokal, das letzte, das einzig übrig-
gebliebene Kaffeehaus von Budapest geschlossen … Das
war mein Traum, aus dem erwacht, ich nun ein ernstes
Wort sprechen will und im Namen aller Puritaner als Erster
ausrufe: Auch diesen Augenblick haben wir noch erleben
dürfen! Es gibt in Ungarn keine Kaffeehausliteraten mehr!
Ein wundervoller Aufschwung wartet auf die ungarische
Literatur, die Mauern der Bohèmiens sind eingestürzt, das
Zeitalter der Verlotterung vom *Pilvax* bis zum *Hungária* hat
ein Ende gefunden.

Milena Jesenská
Das wahre Kaffeehaus

Die Leute trafen sich auf dem Forum, in Klöstern, in Salons. Heute gibt es weder ein Forum noch Klöster mit dieser Bedeutung noch Salons mit dieser Bestimmung. Heute gibt es Kaffeehäuser. Ich meine nicht die anständigen Kaffeehäuser, in die die Mamas sonntags nachmittags ihre Töchterchen begleiten, um dort heiße Schokolade und ein Stück Kuchen gemeinsam zu verzehren. Ich meine auch die Kaffeehäuser nicht, die tagsüber müde, halbgrau und verschlafen wirken, um abends von einer Musikkapelle und ein paar geschmückten Mädchen und »Abenteurern des Lebens« lebendig zu werden, und aufs Schild eine rote Laterne hängen.

Ich meine die ausgesprochen »literarischen«, stadtbekannten Kaffeehäuser, Treffpunkte der Welt des Geistes und der Bohème, wie es das Prager Café Union, das Wiener Central, das Berliner Café des Westens oder das Pariser Montmartre sind. Es sind Cafés von einer ganz besonderen

Existenz, die niemand begreifen wird, solange er nicht bis zu ihren Wurzeln vordringt, solange er nicht ihre Luft in sich tief einatmet.

Die eigene Luft des Kaffeehauses, seine eigene Substanz bilden die Journalisten von allen nur vorstellbaren berühmten, weniger berühmten und nichtberühmten Zeitschriften. Ferner die Literaten, die ihre ersten Gedichte in der Brusttasche tragen und sie ab und zu vorlesen, wenn sich dazu die Gelegenheit bietet. Die Literaten, denen jemand bereits ab und zu etwas druckte, denen es doch gut geht, die bereits auf dem besten Wege zum Kapitalismus des Geistes sind. Und vor allem, vor allem: Scharen von Gescheiterten, Scharen von grotesken Gestalten rätselhaftester Existenz, Menschen, die nie irgendetwas erreichen, nie irgendetwas schaffen werden, heldenhafte, resignierte und stille Melancholiker, von denen die Welt nicht weiß und nie erfährt. Manchmal liegen in diesen Schichten die wahren Baumeister der Welt begraben, Träger und Schöpfer des Gedankens, die nur nicht die Kraft aufbrachten, ihren Gedanken mit der Form zu umhüllen.

Kaffeehaus-Mythen

»Worin die Einmaligkeit und Unnachahmlichkeit des Wiener Kaffeehauses gelegen ist, ist überhaupt nicht zu sagen. Das lässt sich nicht erklären; das lässt sich nur mit den Sinnen wahrnehmen, sehen, hören, riechen, fühlen, schmecken. Man fragt da besser nicht viel.« Robert Ascher

Leo Trotzki
Erstaunen im Café Central

Hilferding brachte mich zuerst mit seinen Wiener Freunden zusammen. Otto Bauer, Max Adler und Karl Renner. Das waren sehr gebildete Menschen, die auf verschiedenen Gebieten mehr wussten als ich. Ich habe mit lebhaftestem, man kann schon sagen mit ehrfurchtsvollem Interesse ihrer ersten Unterhaltung im Café »Zentral« zugehört. Doch schon sehr bald gesellte sich zu meiner Aufmerksamkeit ein Erstaunen. Diese Menschen waren keine Revolutionäre. Mehr noch: sie stellten einen Menschentypus dar, der dem Typus des Revolutionärs entgegengesetzt war. Das äußerte sich in allem: in der Art, wie sie an Fragen herangingen, in ihren politischen Bemerkungen und psychologischen Wertungen, in ihrer Selbstzufriedenheit – nicht Selbstsicherheit, sondern Selbstzufriedenheit –; mir war mitunter sogar, als vernähme ich schon in der Vibration ihrer Stimmen das Philistertum. Besonders verblüffte mich, dass diese gebildeten Marxisten absolut unfähig waren, die Marx'sche Methode anzuwenden, sobald es um große politische Probleme, besonders um deren revolutionäre Wendungen ging. Zuallererst überzeugte ich mich davon bei Renner. Wir blieben lange im Café sitzen, es gab keine Tram mehr nach Hütteldorf, wo ich wohnte, und Renner schlug mir deshalb vor, bei ihm zu übernachten. Dieser gebildete und begabte Habsburger Beamte war damals noch weit entfernt von dem Gedanken, dass das unglückliche Schicksal Österreich-Ungarns, dessen historischer Advokat er war, ihn nach einem Jahrzehnt zum Reichskanzler der österreichischen Republik machen würde. Unterwegs aus dem Café nach Hause sprachen wir über die Perspektiven der Entwicklung Russlands, wo sich zu jener Zeit die Konterrevolution bereits gefestigt hatte. Renner sprach über diese Fragen mit der Höflichkeit und Gleichgültigkeit eines gebildeten Ausländers. Das österreichische Ministerium des Baron Beck beschäftigte ihn viel stärker.

Friedrich Torberg
Café de l'Europe. Café Imperial

Die Stammkundschaft des Café de l'Europe war ziemlich genau das, was man »gemischt« nennt. Seine günstige Lage in der Stefansplatz-Nähe, zwischen dem Nobelstrich auf der Kärntnerstraße und dem weniger noblen auf der Rotenturmstraße, machte das Lokal zum natürlichen Sammelplatz der hüben und drüben amtierenden Damen, die sich hier von den Strapazen ihres Berufs erholen konnten, mit ihren Betreuern zusammentrafen, wohl auch einen kleinen Imbiss oder einen belebenden Kaffee zu sich nahmen (Alkoholkonsum während der Dienststunden war streng verboten), in illustrierten Zeitschriften blätterten und, wenn ihnen danach zumute war, mit den Angehörigen der gänzlich anders gearteten Besucherschicht, die aus uns und unsresgleichen bestand, ein wenig plauderten, ohne berufliche Hintergedanken, manchmal heiter und manchmal traurig, wie's eben kam, manchmal Rat und Hilfe erbittend (aber niemals Geld), manchmal Rat und Hilfe spendend, auch das kam vor, und wer da geringschätzig oder gar verächtlich von Huren spricht, lasse sich gesagt sein, dass ich in diesem Hurencafé zwischen Mitternacht und 4 Uhr früh auf mehr Beweise von Herzenstakt und menschlicher Sauberkeit gestoßen bin als in sämtlichen je von mir frequentierten Kaffeehäusern, und das will etwas heißen. Es war eine unvergleichliche Atmosphäre, die im Café de l'Europe zwei wahrlich diskrepante Lager miteinander verband, eine Atmosphäre gelassenen Einverständnisses und wechselseitigen Respekts, wie er den beiden Lagern nirgends sonst zuteilgeworden wäre. Natürlich kam es innerhalb des andern manchmal zu Auseinandersetzungen, die nicht nur verbal ausgetragen wurden, zu persönlichen und professionellen Eifersüchteleien, zu Streitfällen über Einbrüche in fremdes Gebiet, die nicht geduldet werden konnten, zu Verstößen gegen den akzeptierten Sittenkodex, von dessen bürgerlicher Strenge der Außenstehende nur wenig ahnt. Und natürlich wurden diese Verstöße nach eigenen Gesetzen geahndet. Denn es war eine eigene, eine wenn schon nicht heile, so doch fest gefügte Welt, und sie ist es geblieben.

Auch die Erschütterungen, denen sie ausgesetzt war, vollzogen sich in ihrem eigenen Rahmen. Ein überzeugendes Beispiel dafür lieferte die böhmische Liesel, so genannt nicht etwa ihrer Herkunft wegen (sie war ein resches Wiener Vorstadtkind), sondern zu Ehren ihrer aufwärts gerichteten Stupsnase, die in Österreich als Rassemerkmal des benachbarten Tschechenvolkes gilt. Die böhmische Liesel also erschien einmal zu ungewohnter Stunde im »de l'Europe«, setzte sich allein an einen Tisch und ließ so deutliche

Anzeichen von Verstörtheit erkennen, dass wir es mit Besorgnis sahen. Einer von uns, der sich besonders gut mit ihr verstand, ging zu ihr hin und fragte sie, was denn los sei.

»Hörst«, sagte die böhmische Liesel. »Zeiten san des. Zeiten!« Und schüttelte gedankenvoll den Kopf. »Jetzt hab i an Masochisten – der haut z'ruck.«

Dass sie solches als Symptom einer aus den Fugen gegangenen Zeit empfand, scheint mir fast noch bemerkenswerter als die Entartung selbst.

Der Zahlkellner Richard pflegte seine maßvolle Dienstbereitschaft durch die Anrede »o Herr« auszudrücken – »Jawohl, o Herr« auf eine ungeduldige Bestellung hin, oder »Zahlen gewünscht, o Herr?« nach mehrmals wiederholtem Zuruf. Eines Nachts flog ihm plötzlich eine Kaffeeschale an den Kopf. Er hatte die Witwe Pelikan, Inhaberin eines gut gehenden Geheimbordells und eines kräftigen Schnurrbartanflugs, versehentlich mit »o Herr« angesprochen.

Eine mit Vorbehalt als »groß« zu bezeichnende Zeit brach für das Café de l'Europe im Frühjahr 1933 an, als aus Deutschland die ersten politischen Emigranten ankamen und auf den Rat ihrer Wiener Freunde das »de l'Europe« zum nächtlichen Treffpunkt erkoren. Bert Brecht und Karl Tschuppik befanden sich unter ihnen, Walter Mehring und Oskar Maria Graf und viele andere. Teils bildeten sie eigene Gruppen, teils mischten sie sich mit den Gästen der schon vorhandenen und ihrerseits gemischten Stammtische. An einem solchen Tisch geschah es, dass Brecht eine soeben in der Nachtkolportage erschienene Zeitung las, die von neuen Verhaftungen in Deutschland berichtete und zahlreiche bekannte Namen nannte. Das veranlasste ihn zu der zornigen Bemerkung:

»Heutzutage ist es beinahe eine Schande, nicht verhaftet zu sein!«

Ein Angehöriger des Nachtgeschäfts, zufällig neben ihm sitzend (und eher zwielichtigen Charakters), sah ihn verwundert an:

»Also *das* kann man sich richten«, sagte er.

Es war das einzige Mal, dass im Café de l'Europe zwei Welten zusammenstießen, die einander nicht verstanden.

Zu den noch ausstehenden Ergänzungen gehört das Café Imperial (genauer: das Kaffeehaus des Hotel Imperial), hauptsächlich seines Stammgastes Eckstein wegen. Zwar hatte es auch andere berühmte Stammgäste aufzuweisen, aber der Polyhistor Eckstein war der berühmteste. Hochmusikalisch, in seiner Jugend aus reinem, reichem Hobby ein Schüler Anton Bruckners, Vater des Schriftstellers Percy Eckstein und Gatte einer Schriftstellerin, die unter dem Pseudonym Sir Galahad bekannt wurde, seinerseits Autor einer leider verschollenen Bruckner-Monographie mit dem schönen Titel »Der Weltgeist an der Orgel«, enorm belesen und enorm gebildet, stand der alte Eckstein im Ruf, einfach alles zu wissen. Es gab keine Frage, die er nicht unverzüglich beantworten konnte, ja manchmal nahm er die Antwort ahnungsvoll und kenntnisreich vorweg, ohne die Frage abzuwarten. Man raunte sich zu, dass der große Brockhaus, wenn er etwas nicht wusste, heimlich aufstand und im alten Eckstein nachsah. Als einmal die »Presse« eine Meldung brachte, in der von einem neuen Werk des Dichters Kun-Han-Su die Rede war, konnte der alte Eckstein seinen fragenden Jüngern sofort mit genauen Auskünften über das Schaffen dieses bedeutenden chinesischen Lyrikers aufwarten, der als Einziger versuchte, eine unter den letzten Kaisern der Ming-Dynastie zur Hochblüte gelangte Versform wiederzubeleben. Zwar stellte sich am nächsten Tag heraus, dass es sich bei Kun-Han-Su lediglich um einen Übermittlungsfehler von Knut Hamsun handelte, aber der alte Eckstein hatte wieder einmal alles gewusst, und man respektierte ihn so sehr, dass man geneigt war, auch weiterhin an die Existenz eines chinesischen Lyrikers namens Kun-Han-Su zu glauben.

Von einer Episode ähnlicher Prägung erzählt Frau Christiane Zimmer, die liebenswürdige und lebenskluge Tochter Hugo von Hofmannsthals. Auf einem gemeinsamen Spaziergang mit ihrem Vater und dem alten Eckstein sei ihnen längere Zeit ein Vogel vorangehüpft, den der Polyhistor, auch auf diesem Gebiet bewandert, sogleich als »ägyptischen Königshüpfer« agnosziert hatte:

»Eine seltene Abart unsres Wiedehopfs«, fügte er erläuternd hinzu. »Kann nicht fliegen. Bewegt sich nur hüpfend vorwärts. Den Winter verbringt er in Ägypten. Daher der Name.«

Hofmannsthal gestattete sich ein leises Staunen:

»Sie haben doch gerade gesagt, dass er nicht fliegen kann?«

»*So* weit kann er fliegen«, replizierte unbeirrt der alte Eckstein. Es war ihm nicht beizukommen.

Er ließ sich auch durch nichts dazu bewegen, während der Sommermonate mit seinem Stammtisch aus dem Inneren des Kaffeehauses hinaus auf die »Schanigarten« genannte Terrasse zu übersiedeln, die vor dem »Imperial« – wie vor allen Wiener Kaffeehäusern mit ausreichend breitem Trottoir – am Beginn der warmen Jahreszeit eingerichtet wurde und sich an der Hauptfront des Hotels hinzog. Mochte die Luft draußen noch so erfrischend sein und drinnen noch so stickig – der alte Eckstein blieb hart und der Stammtisch blieb drinnen.

Eines Nachmittags ertönten aus dem Schanigarten schrille Entsetzensschreie: ein Hotelgast hatte sich in selbstmörderischer Absicht aus dem dritten Stockwerk gestürzt und war auf einem der Terrassentische gelandet – glücklicherweise auf einem leeren, und überdies kam er mit dem Leben davon.

Eine Stunde später erschien der alte Eckstein, nahm an seinem Stammtisch Platz und wurde vom Kellner Ferdinand über das aufregende Geschehnis unterrichtet. Er reagierte mit einer ebenso knappen wie gefühlsarmen Äußerung. Sie lautete:

»Ich hab ja immer gesagt, man kann nicht draußen sitzen.«

Anton Kuh
Café de l'Europe

Es befand sich – wie männiglich bekannt – auf dem Stefansplatz, neben dem Rothberger und vis-à-vis von der Gothik, im idealen Mittelpunkt der Stadt. Der Standort war Charakter, Eigenart, Spezialität, Schicksal – des Cafés? Ja. Aber noch mehr der Stadt. Keine Kirche in ihr ohne Café, kein Café ohne Kirche. Café, Kirche – das war ihr Wahrzeichen. So gehörte ihr Hauptplatz teils dem traulich-winkeligen, idyllisch-engen Mittelalter, teils der weltstadt-regen, pariserisch-balkanischen Neuzeit. Der Stefansturm vertritt die Traulichkeit, die Enge, das Mittelalter. Das Café de l'Europe vertrat die Weltstadt, Paris, den Balkan – gerade dem Turm gegenüber. Das bewirkte seinen topographischen Reiz, der sich besonders nächtlich wirksam entwickelte. Strahlendes Halbwelt- und Betriebslicht gegenüber den Konturen historischer Finsternis, Schwärzen und Schweigen auf einem Fleck. Unter dem Schatten Rudolf des Stifters (aus dem Hause Babenberg), Sobieskis

und des Grafen Starhemberg beschwindelten sich arme-
nische Juden, traf sich internationaler Geschäftssinn und
Liebestrieb, liebäugelten und schäkerten Korso-Offiziere,
tänzelte am Arm eines Galan die Mizzi Schmidt (die man
nachmals auf mysteriöse Art ermordet fand) oder die junge
von ihrem Vater verkuppelte Contesse Veith …

Das Café de l'Europe hatte einige merkwürdige Eigenschaften. Zunächst war es bummvoll, sommers und winters
und zu welcher Tageszeit man es betrat. Denn es war kein
Aufenthalts-, sondern ein Durchgangscafé. Die Glastüre im
Eingang drehte sich ununterbrochen, Tag und Nacht, und
oft konnte man während einer Stunde denselben Hut,
denselben Bart, dieselbe Diebsnase zehnmal in Rotation
sehen. Man kam schauen und ging. Das kalte Weißlicht,
der tosende Wellenlärm, durch den, wie Spielmotorboote
im Teich, zischend und auf die Seite geneigt, hochbeladene
Kellner schnellten, lud nicht zu Behagen. Zweitens: Von
hier ging das Zitat aus »Ende nie«. Das Café de l'Europe
war ein großstädtisches Perpetuum mobile, ein Wunder
der Rastlosigkeit und Unaufhörlichkeit und als solches auf
Nachtfürchtige und Todesängstliche beruhigend wirkend.
In der Früh saßen Übernächtige und Ebenaufgestandene
an einem Tisch und sahen sich aus fernen Welten an; jene
mit heuchlerisch-überschärftem, wegscheuem Verachtungs-
auge, diese feuchtwimprig, frisch gewaschen, rosenbackig,
voll überlegenem Neid – zwei Rassen: Tag- und Nacht-
mensch, Lüderjahn und Bürger, einander widersprechend
wie Lackschuhe auf tauigem Almgras.

Die interessanteste Zeit aber war um 3, 4 Uhr morgens.

Da saß etwa, in ein Journal vertieft, ein glattgescheitelter, schüchterner Jüngling, blickte von Zeit zu Zeit unruhig nach der Drehtür, bis der Schwarm aufgedonnerter und hochgeraffter, Parfümströme ausgießender Damen einbrach und eine von ihnen sich seinem Platz näherte. Er stand artig auf, küsste ihre Hand, hängte ihren Pelz an den Nagel, setzte sich wieder verlegen zu seinem Blatt, während sie seinen Handrücken koste. Dann schob sie ihm sachte ihr Réticule zu – und er zahlte. Wie viel solcher Bilder hat Peter Altenbergs nachtseitiger Anmut zugewandtes, mit Verhängnistiefblick begnadetes Auge hier nicht gewahren dürfen! Er lernte für seine Apologie des Zuhälters.

Das Café de l'Europe ist jetzt gesperrt worden. Eine Bankfiliale soll an seine Stelle kommen. Der Stefansplatz wird wieder rein-christlich (bis auf den Rothberger) und keusch-bajuvarisch – das Wahrzeichen für Paris und Balkan schwindet. Ist das nicht zukunftsdeutend für Wien, die deutsch-österreichisch eingeschrumpfte Ex-Hauptstadt eines in Kaffeehäusern vereinten Völkerstaats? Ist es nicht symbolisch für seine Rückentwicklung in eine knödlig-biedere, werktätig-solide Kleinstadt? Das deutsche, von slawischen und magyarischen Bestandteilen gesäuberte Wien schwingt sich mit kühnem Ruck auf die Höhe von Linz. Rudolf der Stifter lächelt: Nicht bloß, dass die Stadt seine Farben trägt, hat sie ihm auch das ärgerniserregende Lokal vor seinem Dom hinweggeräumt.

Egon Erwin Kisch
Die Geheimnisse des Salons Goldschmied

Soweit die Akten reichen, beschäftigen sie sich mit der unerlaubten Liebe, seit eh und je wollte die hohe Obrigkeit strenger sein als Gott, der Adam und Eva ohne priesterlichen Segen und ohne Standesamt zusammenleben ließ, immer war ein hochwohlweiser Magistrat bemüht, die Erbsünde aus der Welt zu schaffen, die Gott geschickt hat. Hunderte der vergilbten Pergamente im Prager Stadtarchiv erzählen vom Kampf gegen die Prostitution, Bewilligungen und Verbote wechseln, Schließung und Öffnung von Freudenhäusern, Bestrafungen und Verwarnungen.

Militius von Kremsier, ein Vorläufer des Johannes Hus und der Heilsarmee, konzentrierte die Prager Dirnen in einem Heim »Jerusalem« auf der Altstadt, sie zu bekehren. 1483, im Stiftungsdokument des Rejczek'schen Studentenkonvikts, wird den Kollegiaten mit der Relegation gedroht, wenn sie fürderhin »amasirum vel meretricum« besuchen sollten. Die öffentlichen Häuser trugen einen Hahn als Wappen, und »Hahnpass«, »Hahnbeiß« oder tschechisch »Hampejs« nannte man sie. Anfang des sechzehnten Jahrhunderts wird ihre Sperrung verfügt, in der Polizeiordnung des Jahres 1527 weist man den Zehentmeister an, darauf zu achten, dass kein Gastwirt leichtfertigen Frauenspersonen Unterkunft gebe. Die Prostitution geht auf die Straße, und Historiograph Lomnicky beklagt sich, man könne in Prag die Dirnen von anständigen Frauen nicht unterscheiden, während zum Beispiel in den pfälzischen und schweizerischen Städten Huren, Juden und Henker durch einen gelben Fleck an den Kleidern kenntlich seien.

Überdies gibt es, dem Verbot zum Trotz, ganze Ansiedlungen von Huldinnen, vorerst außerhalb der Stadt, hinter dem Baumgarten, hinter den Koschiřer Weinbergen und in Smichow, oft werden die Mädchen vom Stadtrichter ausgehoben und am Strick nach Prag geführt; die Bürgerfrauen, die zufällig vorübergehen, mustern neugierig, die würdigen Ehemänner mit versteckt lüsternem und ostentativ verächtlichem Blick die angebundenen Arrestantinnen. Der Koschiřer Gemeindeangehörige Johann Pulpit, gegen den die Anzeige vorliegt (Prager Stadtarchiv, fol. 122), dass er 1581 dem Stadtrichter mit dem Schwerte nacheilte, ihm die am Halfter geführte Buhlerin zu entreißen, selbiger Johann Pulpit aus Koschiř ist ein romantischer Held, wenn nicht gar ein Revolutionär. Sympathischer ist er jedenfalls als die Masseuse Susanna des Altstädter Königsbads, die Wenzels IV. Majestät in einem Kahn vor den Aufrührern rettete, wofür die Zunft der Badehuren als ehrlich erklärt ward und einen Eisvogel als Wappen erhielt.

Seit langem waren im Weichbilde Prags gleichfalls verrufene Häuser entstanden, ein Akt des Landtagsarchivs vom Jahre 1518 befasst sich mit dem unsittlichen Gewinn, um dessentwillen es so weit gekommen sei, dass es in Prag »kaum ein Haus gibt, in dem nicht solche verdächtige Frauenspersonen zu finden seien«. Trotzdem haben die Inwohnerinnen eine öffentliche Mission, Vollstreckerinnen der bürgerlichen Moral zu sein: sie holen gefallene Mädchen und sündige Witfrauen (falls selbige an ihrer Familie keinen Schutz finden) aus deren Heim ab, stecken ihnen einen Strohzopf an und führen sie – den Verlust der Ehre auf Kupferschüsseln austrommelnd – in das Frauenhaus als neue Kollegin ein; manchmal setzen sich die derart Eskortierten mit Messern zur Wehr und entweichen. Gegen zwei Juden wird 1547 Klage erhoben: die standen vor dem Dobřichovsky'schen Hause und lockten Männer zu einem Mädchen namens Anička, das sie durch Wegnahme der Kleider an der Flucht gehindert hatten.

Als schlimmste Kupplerin von Prag wird anno 1587 eine gewisse Knobloschek genannt: sie prügelt ihre Dirnen, nimmt ihnen alle Einnahmen weg, lässt ihnen nicht einmal das übliche Viertel des Liebeslohnes und hält sie, indem sie ihnen die Gewänder verschließt, bei sich fest. Halbnackt stürzen die Ärmsten einmal auf die Straße und wehklagen, dass es »in diesem Hause ärger ist als im höllischen Feuer«. Zur Strafe für solche Untaten wird die Hurenmutter (Johannes Hus bezeichnet in seiner »Postille« die Inhaberin dieses Amtes mit dem deutschen Wort »Hoffart«, das Volk nannte sie »Harapanice«) im erwähnten Jahr ertränkt.

Rudolfs II. Prager Hofhaltung und die vielen Fremden bringen die Prostitution zur Blüte, die Buhldirnen werden jetzt auch in den Akten »Damen« genannt und ein Kaufvertrag ist uns erhalten, laut dem »das hochgeborene Fräulein Magdalena Minkwitzow von Minkwitz« um vier Dukaten von einer Kupplerin an die andere als Dame veräußert wird.

Vom »Mäuseloch« auf dem Frantischek, der Kupplerin Alena gehörig, vom »Teppich«, vom »Königshof« bei der Zeltnergasse und von mehreren Häusern an den Stadtmauern und Stadttoren ist Ende des sechzehnten Jahrhunderts in Kriminalprotokollen die Rede. An der Stelle, wo heute die Nikolanderrealschule steht, war das Haus des Tobias Nejedly, von dem ein Gerichtszeuge aussagt, »dass es in ganz Prag kein Haus gibt, wohin die Gäste wegen solcher Ungebühr kommen, als wie sie hier beim Nejedly herrscht«; aber nicht deshalb kam Tobias Nejedly vor Gericht, sondern weil er eines Abends den Herren von Wartenberg und Ritter Vinzenz Zampach das Tor nicht öffnen wollte und sie beschimpfte, als sie es mit einem Balken aufzusprengen versuchten. Der Adel war von alters her eine gute Kundschaft der Bäder und Kuppeleihäuser, besonders des Nachtlokals »Zur Kanzlei« in der Gasse Na Slovanech, wohin wohlriechende Mädchen in sauberen Mänteln kamen und die welschen Höflinge Rudolfi Secundi, ja, sogar ein bayrischer Herzog »Kanzleibesuche« machten. Einige Aristokraten hielten selbst Bordelle; das schöne Laubenhaus, das der Theinkirche auf dem

Ring vorgebaut ist, gehörte dem Herrn von Slawata, der es von einer berüchtigten Kupplerin namens Rachatschek verwalten ließ. Die Terzkys erbten dieses Frauenhaus an der Kirche und lösten es auf; als der Stadtrichter Tischler Mathias die Dirne Polyxena von hier wegführte, rief sie von der Straße ihrer Hauswirtin zu: »Elende, du hast so viel Geld für mich eingeheimst, gib mir wenigstens meine Hemden heraus.« Ganz öffentlich vollzog sich der Besuch der Lokale. »Leute kehrten bei hellem lichtem Tage ein, vornehme Herren mit goldenen Ketten, Herrschaften, Beamte, Offiziere.« Die Adligen ließen ihre Pferde vor dem Tore stehen, Knechte hielten diese, und die Nachbarn beobachteten aus den Fenstern den Betrieb.

Als aus dem Ghetto hinausdurfte, wer mochte, und das Verbleiben beinahe ein Zeichen von Armut war, zogen die Freudenhäuser in den dunkelsten Stadtteil, in das »fünfte Viertel Prags«. Und mehrten sich. Über den schmalen Eingängen baumelte eine Laterne mit bunten Scheiben, »Salon Nr. …« stand darauf, vor den mit schmutzigen Vorhängen bedeckten Fenstern des Erdgeschosses war eine Blechtafel mit der verlockenden Aufschrift »Sodová voda dra Zátky«, hinter den Stores lugten geschminkte Frauen im Nachtgewand hervor, lockten durch Klopfen und Winken die männlichen Passanten oder steckten die Zunge heraus, wenn Frauen oder Schulknaben neugierig guckten. Es war eines der seltsamsten Mysterien des an Mysterien wahrlich überreichen Prager Ghettos, dass in den Häusern, in denen die Prostitution so aufdringlich betrieben wurde, Judenfamilien in fanatischer Frömmigkeit und intensivster

Zusammengehörigkeit lebten: die dünnen Wände trennten Welten und Weltanschauungen voneinander. Sogar an Synagogen schmiegten sich Kaschemmen, wie zum Beispiel der Salon Dvořak in der Pinkasgasse.

In den Jahren 1900 bis 1905, als Beil und Spitzhacke der alten Judenstadt ein Ende machten, mussten zweiundsechzig »Salons« hier ihre bunten Glastüren schließen, um sie in anderen Gegenden Prags wieder zu öffnen. Im Seminargässchen, das längs des Klementinums von der Karlsgasse zum Marienplatz führt, im Břetislawgässchen oberhalb der Welschen Gasse auf der Kleinseite war fast jedes Haus ein öffentliches; auch der bekannte Kunstsammler und »Dreschflegelaktionär« Neumann hatte hier das Parterrelokal seines Hauses einem Bordell eingeräumt, nur um seine Verwandten zu ärgern und von einem Besuch bei ihm abzuhalten. Das gefürchtete Soldatenbeisel »Zur blauen Nudel« auf dem Kleinseitner Karlplatz wurde in zahllosen Marschliedern der Achtundzwanziger besungen. Die Besitzerin des »Salons Kisch«, Ziegengasse Cons.-Nr. 826 (später am Zderas), hielt auf Ehre und Reputation und veröffentlichte bei passendem Anlass in den Zeitungen, sie sei mit dem Schriftsteller E. E. K. weder verwandt noch verschwägert. »Im niedrigsten Bordell Prags« (seine Zimmer waren nur anderthalb Meter hoch), im Borschhofgässchen, wurde am 19. Januar 1918 ein Raubmord verübt. Das im zweiten Stock von Nr. 965 des Kotzengässchens gelegene »Hamet« (vormals Brückner und Flaschner) ward durch den Tod eines hohen Beamten berühmt. Nur durch einen labyrinthartigen Gang war »Belgien« zu erreichen, Smichower Burschen verdienten ihren Lebensunterhalt, indem sie Neulingen den Weg wiesen. Leonhardiplatz Nr. 109 im Barockgebäude »Zum blauen Löwen« lebte der »Salon Dessort«, wohin Detlev von Liliencron mit Oskar Wiener kam und wo er für seinen »Poggfred« den Vers verfasste: »Auch saß ich sehr vergnügt im Blauen Löwen, – die Wolken flitzten drüber hin, wie Möwen«; der Salon Dessort vegetierte später in der Fischmarktgasse; als die Räume solideren Zwecken dienstbar gemacht werden sollten, stürzte das Gemäuer ein. In dem beängstigend schmalen Gässchen »U Vokenice« beim Königshof war das Lokal des Herrn Sekač, der eine seltsame Vorliebe für Napoleon Bonaparte hatte und alle Wände mit dessen Bildern schmückte, so dass seine Wirtschaft unter dem Namen »Napoleon« populär wurde. In der Benediktgasse hielt sich der »Salon Schuha« auch noch nach dem Tode seines Gründers, Herr Koutsky (außerdienstlich schrieb er sich Kaucký und war nicht mit sich identisch) hingegen überlebte die Demolierung seiner beiden Häuser im Saazergässchen und in der Plattnergasse noch lange, und als er starb, gaben ihm die Geistlichkeit, Vereine in corpore und das Schützenkorps von der Weinberger Kirche aus ein pompöses letztes Geleit.

Das berühmteste oder, wenn man will, berüchtigteste Etablissement hat den Umsturz nicht lange überdauert: der »Salon Goldschmied« in der Gemsengasse, international unter dem Kosenamen »Gogo« bekannt.

Das »Bürgerliche Haus zum Roten Pfau im Gämsengässchen, Neuer Nummer 243«, das laut Eintragung in den »Zweiten Band der Prager Stadtbücher vom Altstädter

Hauptviertel« von seinem Erbauer anno 1804 um vier-
tausend Gulden an Andreas Trägner verkauft worden war,
erstand im Kriegsjahre 1866 Herr Emanuel Goldschmied.
Er begann daselbst, ohne bei den Behörden um die Befug-
nis eingekommen zu sein, ein offenes Haus zu führen. Die
Ämter, durch Kriegsgefahr und Truppenzusammenziehun-
gen in Anspruch genommen, legten dem feuchtfröhlichen
Unternehmen – u. a. wurde dort Wein und Kaffee ausgeschenkt – keine aktenmäßig nachweisbaren Hindernisse
in den Weg. Herr Emanuel Goldschmied, früher Trödler,
fuhr nun im Zweispänner, Brillantringe bedeckten seine
Finger, er erschien in einem Bankgeschäft, um Hundert-
pfundnoten zu wechseln, und die Prager Bürger munkelten,
im Keller des Goldschmied'schen Hauses sei ein reicher
Lord erschlagen und beraubt worden. Man hatte nämlich
einige Wochen hindurch in der Mittagsstunde einen Engländer mit grauem Zylinder und Backenbart täglich vor
dem Goldschmied'schen Haus in einen Fiaker steigen und
binnen einer Stunde (wahrscheinlich nach eingenomme-
ner Mahlzeit) zurückkehren gesehen, plötzlich aber war er
verschwunden, ohne dass die lebhaft interessierte Nachbarschaft von einer Abreise des Fremden etwas bemerkt
hatte. Auf Grund der Gerüchte erschien am 7. Juli 1866
eine Polizeikommission, um der Sache nachzugehen. Man
untersuchte vom Dachboden bis zum Keller alle Räume und
verhörte Besitzer und Personal auf das eingehendste, fand
jedoch keine Spur eines verübten Mordes. Der Engländer
hatte tatsächlich dort gewohnt und war, nachdem er seine
Zeche von elfhundert Gulden österreichischer Währung

anstandslos beglichen, nach Monatsfrist abgereist. Zweifel der Behörden mussten verstummen, als »Preciosa, recte Anna Kulhánková«, die Favoritin des Fremden während seines Prager Séjours, einen liebesglühenden Dankbrief vorwies, den er ihr erinnerungsschwelgend aus Dresden gesandt hatte und in dem er baldige Rückkehr versprach. Die Polizeiorgane mögen sich bei diesem Besuch wohl überzeugt haben, dass der Betrieb den langwierigen und kostspieligen Aufenthalt eines Engländers und das Versprechen seiner Wiederkehr rechtfertigte, und Herr Goldschmied erhielt zwar wegen unbefugten Verschleißes von Waren und Ausschanks geistiger Getränke eine Geldstrafe von vierhundert Gulden, aber das nicht in feindseliger Absicht, denn bereits am 1. September 1866 wird ihm das Recht zur Ausübung eines freien Handels nach § 38 der Gewerbeordnung verliehen.

Das größte Geschäft brachte dem jungen Unternehmen der Aufmarsch der Truppen zum Kriege, dann aber ihr Zurückfluten und die Besetzung Prags durch die Preußen. Wie früher die sächsischen und österreichischen Offiziere Stammgäste des Nachtlokals im Gämsengässchen gewesen waren, wurden es nun die preußischen. Und es ist interessant zu erfahren, welch organisatorischen Einfluss die Preußen auf das keimende Leben dieses Hauses genommen haben: Während bisher die Annahme einer Einladung zum Tête-à-Tête von dem Geldbetrag abhängig gemacht war, den der Gast dem Mädchen oder dem Inhaber gesprächsweise zugesagt hatte, verlangten die Preußen nunmehr, dass diese »echt österreichische Schlamperei« abgeschafft und eine

Einheitstaxe eingeführt werde. Zunächst wurde ein Betrag von drei Gulden (bzw. ein Taler) festgesetzt. Es war natürlich dem Ermessen des Gastes anheimgestellt, der Dame außerdem ein Geschenk zuzustecken (am Wiener Kaiserhof wurde dies »Strumpfgeld« genannt), jedoch sollen die Preußen von diesem Rechte fast niemals Gebrauch gemacht haben, wenn man der alten Blažena glauben darf, die vom ersten bis zum letzten Tag bei Gogo Köchin gewesen ist, in diesen dreiundfünfzig Jahren viel geschaut und viel erlebt und viel Versuchungen an sich herankommen gesehen hat; denen zum Trotz ist sie auch als *virgo immatriculata* eine *virgo immaculata* geblieben, und bei ihren ehernen Prinzipien steht zu erwarten, dass sie ihre volle Unschuld draußen bewahrt hat, als sich der Siebzigjährigen die Pforten endlich öffneten, um sich den anderen zu verschließen.

Den Erinnerungen der alten Blažena, Wahrerin der Gogo-Tradition, ist es zu danken, dass der Besuch eines hohen Offiziers im Frauenhaus beim Karolinum nicht in Vergessenheit geriet. So schildert Blažena seinen Eintritt in das Freudenhaus: »Jo, Panečku, er war in Zivil, aber alle haben ihn gleich erkannt – no jo, so ein Kerl, er war so groß wie ein Kandelabr – wissen Sie, die preußischen Offiziere sind aufgesprungen, wie wenn man ihnen die Rockschöße angezündet hätte. Da hat er zu ihnen gesagt – seine Worte hab ich mir gemerkt, jedes Wort und genau den Ton! – ›Setzen's Ihne nur wieder, meine Herren‹ – das hat er genau so gesagt, ich erinnere mich sehr gut, aber die Herren sind alle stehen geblieben wie …« (hier gebrauchte Jungfer Blažena einen Vergleich, der nicht wiederzugeben ist). »Und dann hat der General gesagt ›ich bin ja auch nicht von Holz‹, und nach einer Weile ist er aufs Zimmer gegangen mit der Luise zuerst, und dann ist er wieder heruntergekommen und hat mit der Peptscha gesprochen, die war ganz außer sich vor Respekt und hat ihm immerfort ›Herr Oberkommissär‹ gesagt, und dann ist er mit der Peptscha hinaufgegangen und dann mit der Ophelia – sechsmal war er auf dem Zimmer, und die Offiziere haben die Augen aufgerissen, wie er immer wieder hinaufgegangen ist und heruntergekommen – – schon vom Treppensteigen hätten einem anderen die Beine weh tun müssen! – wir haben ja so hohe Stufen, aber er ist gestiegen, wie wenn er zwanzig Jahre alt wäre – und die Offiziere haben gesagt, ›der ist wirklich nicht von Holz, der ist ja von Eisen‹, und alle haben gelacht; am nächsten Tag waren sie wieder bei uns und haben nur vom ›Eisernen‹ gesprochen und der Name ist ihm geblieben, aber er ist nicht wiedergekommen. Schade, ein so feiner Gast: sechsmal war er auf dem Zimmer.«

Ein als noch ehrenvoller empfundener Besuch war ein Menschenalter später, der eines Erzherzogs, der als Ober-leutnant bei den Lothringer-Dragonern in Brandeis an der Elbe stand und oft nach Prag fuhr. Im Kreise seiner Kamera-den im Hotel de Saxe kam er eines Abends um elf Uhr ganz unvermittelt auf die Idee, sich das berühmte Nobelbordell anzusehen; alles beglückwünschte ihn zu diesem Einfall, und man brach auf. Merkwürdigerweise hatte die Polizei jedoch schon um neun Uhr früh davon gewusst, dass um elf Uhr nachts Seine Kaiserliche Hoheit den ausgefallenen Vorschlag machen werde, und außer der ärztlichen Untersuchung, die Chefarzt Professor Pečirka im Doktorzimmer bei Gogo an diesem Tage mit unendlicher Genauigkeit vornahm, wurde noch eine besonders hygienische Reinigung aller Lokalitäten durchgeführt. Zwei Detektive musterten jeden Eintretenden mit Inquisitorblicken daraufhin, ob er wirklich nur ein Bordellgast und nicht etwa ein politisch Unzufriedener sei. Um elf Uhr schloss man die Tür des großes Salons – über die Treppe kam eine Gesellschaft von Kavallerieoffizieren mit aufgeschlagenem Mantelkragen. Von da ab wurde die Hansi von den Stammgästen gefrotzelt, sie könne um den Titel einer Kammerlieferantin ansuchen. Herr Klein aber, im Tanzmeisterschritt den Saal inspizierend, bemerkte, der Titel gebühre ihm, denn er habe ja für den hohen Gast die Kammer beigestellt, den mit blauer Seide ausstaffierten Salon im zweiten Stock, der seither das »Prinzenzimmer« hieß.

Die Zahl der hochgestellten Persönlichkeiten, Mitglieder von Regentenhäusern und von Regierungen, der Heerführer, die inkognito hierher auf die »Gämsenjagd« kamen, ist Legion. Während des Weltkrieges, im Jahre 1917, wurden Journalisten der neutralen Staaten, die von einem vom k. u. k. Kriegspressequartier veranstalteten Besuche in den Škoda-Werken über Prag zurückkehrten, nach einem Souper im Hotel »Blauer Stern« zu Gogo geleitet, wo für diese Nacht die strenge Sperrstunde aufgehoben worden war, und man führte ihnen, um ihre Sympathien für die österreichisch-ungarische Monarchie zu wecken, im türkischen Zimmer (erster Stock, links) lebende Bilder vor.

Die Bohème versammelte sich allnächtlich nach Kaffeehausschluss hier, nicht jeder aber besaß den Betrag, der für die Zeche erforderlich war. Eine Tasse Kaffee wurde nicht serviert, sondern nur eine Portion, ein Tablett, worauf die elegante Silberkanne und fünf Porzellantassen standen. Ob nun eine Gesellschaft von fünf Personen oder ein einzelner kam, war gleichgültig, man musste eine Portion Kaffee bestellen, die vier Kronen kostete. Deshalb versuchte man immer, vier Partner zu gewinnen, und wartete an der Ecke der Eisengasse und des Gämsengässchens auf bekannte oder fremde Pilger, mit denen man eine freie Interessengemeinschaft schließen konnte. Die Prager Literaten waren mit den Damen des Hauses sehr befreundet; da diese – die Damen nämlich – viel Geld und Zeit hatten, so ließen sie sich Bücher empfehlen und erlangten bald eine größere Bildung als ihre Lehrer, die ja doch zumeist nur Buchtitel, Autor und Verleger kannten. Angela war direkt literaturwütig, und jeder Schriftsteller, der ins Haus kam, musste in ihrem Stammbuch verewigt sein. Unter anderen fand sich darin die Unterschrift »Christian Morgenstern« unterhalb eines echt morgensternischen Gedichtes:

Palmström bei Gogo

Palmström sucht (gleich anderen vielen)
Wie man, ohne zu verspielen,
Mittels Formel finden könnte,
Wieviel jeder, wenn er wollte –
Angenommen, daß er könnte –
Wieviel jeder zahlen sollte,

Wieviel jeder, wenn er könnte,
Angenommen: daß er wollte,
Wie wenn sollte, wollte, könnte,
Der Kaffee zu zahlen wäre
Pro Person nach Recht und Ehre
Wenn der, der aufs Zimmer rennte,
Und sich von den andern trennte,
Der nun auszulassen wäre.

Palmström beginnt zu dividieren,
Er versinkt in den Papieren,
Er versinkt in dem Probleme,
Wieviel wohl auf jeden käme
Wenn, – wie oben es notiert.

Während er noch dividiert,
Hat – wohl nur damit er prahlt –
Hat ein anderer bezahlt.
Palmström denkt: es ist genog,
Nimmt sich Hut und Stock und Rock;
Denn nicht an mehr – meint er – käm' es
Auf die Lösung des Problemes.

Eine Spezialität des Lupanars in der Gämsengasse war
die ausgezeichnete Musik. Viele Jahre lang spielte Weiß-
mann dort Klavier, der Komponist des populären Walzers
»Goldene Jugend« und nachmaliger Freund des Königs
von Rumänien. Nach ihm kam Golczewski, der tagsüber in
Privathäusern zimperlichen Bürgermädchen Klavierstun-
den gab, ohne dass der Bruder oder der Vater einer seiner

Schülerinnen ihn jemals verraten hätte. Sein Nachfolger war Madl, ein Virtuose.

Der seltsamste aller berühmten Gäste der Maison Goldschmied war entschieden Gustav Mahler. Oft stürmte er um vier Uhr nachts in derangiertem Anzug herein, setzte sich im japanischen Zimmer an das Klavier und begann daselbst, niemals den Eintritt eines Mädchens duldend, bis zum späten Morgen zu phantasieren und zu notieren. Es ist anzunehmen, dass er das Lokal aufsuchte, um daheim durch Spiel und Komposition Familie und Nachbarschaft nicht zu stören: Beim Morgengrauen bezahlte der »Herr Kapellmeister« (so sprach man ihn an, hinter seinem Rücken aber nannte man ihn den »Meschuggenen«), was er nicht getrunken hatte: eine oder zwei Flaschen Sekt oder noch mehr – je nachdem, wie vielen Gästen das Betreten des Séparées mit dem Hinweis, dass es besetzt sei, verwehrt werden musste.

Dramatisch war die Peripetie, die sich hier, ja, hier bei Gogo, im Leben des jungen Bierbrauersohnes Alfred Piccaver aus Albany, Staat New York, vollzog. Mister Piccaver hatte 1907 eine Europareise unternommen und kam auf der Fahrt zu Frau Jäger-Wltschek in Hallstadt, die während des Engagements ihres Gatten, des Tenors Jäger an der Metropolitan-Oper, die Gesangslehrerin Piccavers gewesen war, nach Prag. Sein einziger Prager Bekannter, der Hopfenlieferant von Piccavers Vater, machte ihn mit einem anderen Bierbrauerssohn bekannt, und die *three men on the bummel* gerieten auch in die Goldschmiedewerkstätte der Prager Altstadt. Dem Amerikaner gefiel besonders die Mizzi und, vielleicht um ihr Herz zu erobern, sang er zur Begleitung des Herrn Madl die Matinata von Leoncavallo. Fraglich ist, ob Mizzi ebenso hingerissen war wie ein Gast, der auf den breitschultrigen American zutrat, sich als Opernregisseur Trummer vom Prager Deutschen Landestheater vorstellte und sehr enttäuscht war, zu erfahren, dass der begabte Sänger ein Industriellensohn sei, den die berüchtigten Gagen Angelo Neumanns schwerlich zur Änderung seines Berufes bewegen würden. Regisseur Trummer lud ihn ein, ihn am nächsten Vormittag im Theater zu besuchen, und Mr Piccaver versprach, bestimmt zu kommen; kam aber nicht. Dafür war er abends wieder bei Gogo. Anscheinend hatte die Matinata gestern doch großen Eindruck auf die Mizzi gemacht, denn als ihr Sänger eintrat, stürzte sie auf ihn zu und blieb die ganze Nacht an seiner Seite, wie sehr auch andere Freunde sie herbeizulocken versuchten; sie schmiegte sich an ihn, schwur ihm Liebe, bat ihn, sie nicht zu verlassen, nicht fortzufahren. Piccaver begann wieder zu singen; im selben Augenblick tauchten im Türrahmen zwei Männer auf, die bisher im kleinen Séparée (dem getäfelten, an den Salon angrenzenden Zimmerchen, dem Frisierzimmer gegenüber) gesessen hatten. Der eine war Opernregisseur Trummer, der andere ein Herr in Pelz und Hut, das Taschentuch vors Gesicht gepresst. Das Lied war kaum zu Ende, als Regisseur Trummer den Sänger ins Séparée bat. Dort wurde Piccaver dem großen Angelo Neumann vorgestellt. Angelo Neumann, der sonst nicht einmal in einem Kaffeehaus erschien, weil er dies unter seiner Würde fand, Angelo Neumann war hierher – in ein Bordell! – gekommen, denn es handelte sich um seine Passion: die Entdeckung von Talenten. Er bot dem verdutzten Sänger vierhundert Kronen Monatsgage – selbstverständlich bloß für den Anfang, es wird bald mehr sein – und garantierte ihm eine glanzvolle Zukunft. »Junger Mann, ich habe auch Richard Wagner eine glanzvolle Zukunft garantiert und habe mein Wort gehalten. Unterzeichnen Sie diesen Kontrakt auf ein Jahr!« Piccaver unterschrieb, hier bei Gogo, blieb in Prag, blieb bei der Mizzi, die ihn doch gebeten hatte, nicht wegzufahren, und dadurch beigetragen, dass er sich so schnell zum Bleiben verpflichtete. Aber die Mizzi war, ein paar Wochen später erzählte es Trummer in Gegenwart Piccavers lachend und belacht bei Gogo, bestochen gewesen, bestochen vom Regisseur im strikten Auftrage Angelo Neumanns, des genialen Managers der deutschen Bühne.

Die Anekdoten der Berühmtesten sind nicht so berühmt geworden wie die der Unberühmten. Zwei Freunde unterhielten sich mit zwei jungen Mädchen und gingen dann mit ihnen in deren Zimmer. Oben trennten sich die Paare, nachdem der eine Herr dem anderen als Memento an den Vorstand der dermatologischen Klinik, Hofrat Philipp Pick, zugerufen hatte: »Bei Philippick sehen wir uns wieder!«

Ein polnischer Jude kam in den Salon. Trank seinen Kaffee und wollte von dannen gehen. Man machte ihn aufmerksam, dass es üblich sei, etwas für die Musik zu bezahlen. »Ich bin nicht musikalisch«, erwiderte er und verschwand. Seither war für Gäste, die nicht die obligate Krone aufs Klavier legten, die Charakteristik gebräuchlich: Der ist auch nicht musikalisch …

Von langweiligen Bällen der Gesellschaft entliefen oftmals alle Herren hierher, wo es lustiger war und man den Theatervereinsball parodieren konnte: das Mahagoni-Séparée war Komitee-Zimmer, die Vortanzpaare versammelten sich da, jede Dame nahm einen der Kunstblumensträuße aus den Vasen in die linke Hand, in der Saalmitte bildete sich, von einer Schnur umwickelt, die Herreninsel, ordensgeschmückt und würdig erschienen Honoratioren, einzeln mit Namen angekündigt, von Herrn Madl mit Tusch begrüßt, von einem Rattenschwanz von Balljacheln (an Armschleifen als Komitee kenntlich) auf das Sofa hinaufgehoben, die Estrade. Die Klänge der »schönen blauen Donau« ertönten, die Herren im Frack tanzten mit den dekolletierten Vortanzdamen herein, die die kurzen Röcke wie Schleppen hoben und die Nasen emporreckten, als ob ihr Papa Kommerzialrat sei und sie also ein Recht dazu hätten. Die Jünglinge, die sich hier nicht anders gaben, als wie sie immer waren, und die Mädchen, die etwas persiflierten, was sie nie gesehen hatten – es war ein gelungenes Satyrspiel auf den Dünkel der Gesellschaft, diese Theatervereinsbälle bei Gogo.

Die Stammgäste, die sich derart aufspielen konnten, schauten mit Verachtung auf die ungelenk die gewundene Stiege hinaufstapfenden Outsider. Aber diese Fremden, denen Reseks Winterfahrplan aus der Rocktasche guckte, die ihre Kipfeln in den Kaffee tunkten oder gar mitgebrachtes Schwarzbrot in die Silbertassen brockten, diese Bauerngruppen, die man verhöhnte, waren die besten Gäste. Der glattrasierte dicke Mann zum Beispiel, den einige »Vicar of Wakefield by Goldsmith« nannten, kam jeden Samstag um neun Uhr abends, blieb mit dem Koffer in der Hand zehn Minuten im Salon stehen, mit tiefem Blick jede der Damen musternd, und verschwand dann mit der Glücklichen seiner Wahl, von der er sich erst Montag, sieben Uhr morgens verabschiedete.

Ein anderer keuchte schon, bevor er am Fuß der Treppe angelangt war; von dort rief er, so muss wohl das Röhren eines Hirsches klingen, seine Bestellung hinauf: »Jednu tlustou – eine Dicke!«

Es war nicht klug, sich mit den Fremden etwas anzufangen. Eine Gruppe von Kadettoffizierstellvertretern frotzelte eine Gesellschaft, die sich am Nebentisch allerdings plump genug benahm. Da kommt einer der Verspotteten auf die Knaben zu: »Mein Name ist Lurich. Wünscht einer der Herren etwas?« O nein, bitte, durchaus nicht – wie hätten sie auch etwas wünschen sollen, Lurich war ja, das wussten sie, der stärkste Mann im Ringkämpferensemble, das eben im Théatre-Varieté gastierte.

Herr Goldschmied, der Gründer, hatte sich bald vom Geschäft zurückgezogen, übersiedelte nach Wien, und kaum jemand, der dort im Kunsthistorischen Museum unter Gemälden eine Tafel mit dem Vermerk »Geschenk des Herrn Emanuel Goldschmied« liest, hat eine Ahnung davon, dass das Geld für die noble Kunstförderung einem Gewerbe zu danken ist, über dem lit. b des § 512 St. G. B. schwebte: »… welche Schanddirnen zur Betreibung ihres unerlaubten Gewerbes bei sich einen ordentlichen Aufenthalt oder sonst einen Unterschlupf geben …« Allerdings war der Faden, an dem das Damoklesschwert hing, nicht allzu dünn und vom Kassationshof gewoben. Dieser stellte sich auf den Standpunkt, dass der Kuppeleiparagraph auf die Bordellbesitzer keine Anwendung finden könne, indem er den Ton auf das Partikelchen »un« legte; er entschied also sozusagen, dass den »Schanddirnen« bloß zur Betreibung ihres *erlaubten* Gewerbes Aufenthalt gewährt werde – eine Entscheidung, die vollkommen der Absicht dieses aus dem Jahre 1803 stammenden Gesetzes wider-, aber dem Geiste des Rechtes entsprach, denn es ging nicht an, die Wirte für etwas zu bestrafen, was die Behörden tolerierten und kontrollierten. Und ein anderes Gesetz, das sogenannte Landstreichergesetz vom 24. Mai 1885 gestattete die Reglementierung der Prostitution und damit auch ihre Ausübung.

Nach Goldschmieds Abgang waren Johanna Wittler und Eduard Hajek die Eigentümer; den Betrieb führte Herr Leopold Schifferes, der Neffe der Frau Wittler; und am 4. Mai 1896 wird er als Besitzer des Hauses eingetragen. Er hatte ein armes Mädchen aus unmittelbarer Nachbarschaft geheiratet, die Tochter eines im Gallikloster tätigen Schusters. Die Braut war siebzehn Jahre alt und hat nie erfahren, welchen Beruf ihr Mann ausübte. Herr Schifferes verkaufte übrigens bald das Haus und etablierte sich in Berlin als Prager-Schinken-Importeur; da Podbielski Landwirtschaftsminister wurde und die Einfuhr von Schweinen und Schinken verbot, gründete Herr Schifferes in Weißensee eine Prager Schinkenfabrik mit echt pommerschen Schweinen.

In der Gämsengasse herrschte jetzt Frau Elisabeth Busch. Sie war bereits Besitzerin eines derartigen Unternehmens, von ihrem ersten Gatten, Julius Friedmann ererbt, und inmitten der baufälligen, schmutzigen Judenstadt gelegen, eines dreistöckigen, massiven Trutzbaus an der Kreuzung der Josefstädter Gasse und Rabbinergasse, Hausnummer 95. Der Roman der erfolglos büßenden »Magdalena« Machars, er beginnt und endet in diesem Hause:

> An der Ecke zweier krummer Gassen
> Steht ein weißgetünchtes Haus;
> Um ein ganzes Stockwerk überragt es
> Alle anderen Ziegeldächer. Seine Fenster
> Sind mit grünen Jalousien dicht verhangen.

Während in der Nachbarschaft Kleinhandel, Feilschen, Elend, Jammer und Frömmigkeit waren, war hier Verschwendung, Genuss, Radau und Übermut, während sich in all den niedern Kammern der Umgebung vielköpfige Pauperfamilien zusammendrängten, räkelten sich hier Adlige und Offiziere auf Ottomanen und Betten. Friedmann, der Besitzer, war zugleich Konfident, Nachrichtenlieferant des Polizeirates Olič und seines getreuen Famulus Lederer, des Detektivinspektors. Wäscherinnen, Handwerker, Friseurinnen, Modistinnen, Nahrungsmittelhändler, kurz alle, die hierherkamen, um Geld zu verdienen, erzählten von den Geheimnissen der dunklen Nachbarwohnungen, von verdächtigem Gut, das der Trödler X. gekauft, verrieten, dass der Dieb Y. seit ein paar Tagen nicht nach Hause gekommen, berichteten, dass die kleine Z. zum Tanz in die Schenke »V kornoutě« mit goldenen Ohrringen erschienen sei. Aber Friedmann wusste mehr als die kleinen Diebstähle und Hehlereien seiner Umwelt in der Zigeuner-, der Rabbiner- und der Breiten Gasse! Nicht bloß infolge der Tatsache, dass Verbrecher unmittelbar nach ihrer Tat in Freudenhäuser gehen, um ihren Raub möglichst rasch zu exploitieren, nein, auch Politisches erfuhr er, kamen doch alle Fremden, selbst die polizeilich nicht gemeldeten, in den Salon und sprachen mancherlei. Von dem, was in den verschwiegensten Räumen geflüstert wurde, verlor sich seltener ein Wort als von den Reden, die ein Politiker mit Stentorstimme von der Rostra schrie. Die Polizei revanchierte sich, indem sie ein Auge des Gesetzes zudrückte, wenn etwas nicht in Ordnung war, wenn sich ein Exzess der Eifersucht, Hysterie oder Trunksucht ereignete oder ein Selbstmord. So ward es zur Sehnsucht aller Spelunkenwirte, durch Kundschaftsdienste gleichfalls dieses Wohlwollen der Obrigkeit zu erringen, und es entstand einerseits das Misstrauen der Bevölkerung gegen die Behörde, die man mit den Bordellen verbandelt wusste, während andererseits das Bündnis einen subjektiven Sklavenzustand herbeiführte, das Gefühl der Schutzlosigkeit bei den Mädchen der Freudenhäuser, eine moderne Form der alten Schuldknechtschaft. Die kleinbürgerlichen Gewerbsleute der Josefstadt verachteten Herrn Friedmann als Bordellbesitzer, respektierten ihn jedoch als großen Auftraggeber, das Lumpenproletariat hasste ihn als Spitzel und grüßte ihn umso devoter –, er war der Mann, der nützen und schaden konnte. Aber das Gerücht, dass auch schon Hausbesitzer gestorben sein sollen, bewahrheitete sich an diesem öffentlichen Hausbesitzer. Seine Frau führte zunächst als Witwe Friedmann, später als Gemahlin des in dieser Branche bestens akkreditierten Dienstmanns Busch (Standplatz: Hotel Schwarzes Ross) das Geschäft weiter. Zur Zeit, da man die Pläne zur Assanierung von Prag V. zu zeichnen anfing, fühlte sie die Axt an ihrem Stamme, sah sich nach einem neuen Laden um und erwarb de dato 28. September 1898 von Herrn Schifferes die Maison Goldschmied. Weil ihr die Behörden die Haltung zweier tolerierter Häuser nicht toleriert hätten, holte Frau Busch ihren Bruder aus Wysotschan, Herrn Josef Klein heran, und der erhielt das gewerbeordnungsgemäße Recht »zum Handel mit allen im freien Verkehr gestatteten und rücksichtlich des Verschleißes nicht an eine besondere Bewilligung (Konzession) gebundenen Waren«.

Bevor noch der Friedmann'sche Stammsitz niedergerissen worden war, wurde das Haus in der Gämsengasse umgebaut und neu eingerichtet. Der Salon bekam neue Spiegel und Beleuchtung durch Bronzevasen auf Konsolen, und verschiedenfarbige Glühlampen, die hinter den Gardinen in Blumenkörben auf dem Fensterbrett standen; die steile Wendeltreppe wurde mit einem Laufteppich belegt, die Nische schmückte man mit einer alabasternen Venus, an deren Stelle zuletzt ein Terrakottanachtwächter trat; das türkische Zimmer erhielt Gobelins, das kleine Séparée täfelte man mit Mahagoni. Das Frisierzimmer im ersten Stock, mit der an den Tisch geschmiedeten Handkassa, diente außerdem als Inspektionsraum für Herrn Klein oder den diensthabenden der beiden Söhne, die auf dem Kanapee schliefen, einen großen Hund zu ihren Füßen. »Sultan« hieß er, wie es sich für einen Harem gehört. In der zweiten Etage waren das gelbe Séparée, das blauseidene Prinzenzimmer, die Doktorstube, wo die sanitätsärztlichen Untersuchungen vorgenommen wurden, und das persische Gemach. Die Séparées waren im Parterre, im dritten Stock, ὀλύμπια δώματ' ἔχοντες lebten die Damen, in acht einfachen Kämmerchen, Arbeits- und Schlafzimmer zugleich, an deren Wänden in Vogelbauern Zeisige, Harzer Roller und Rotkehlchen zwitscherten, gehätschelt und mit Leckerbissen gefüttert. Man empfand es nicht als Störung, wenn die Vögel zu tagschlafender Zeit durcheinander musizierten und nachts in den Séparées hörbar wurden, sie waren den kitschig-sentimentalen Mädchen Sinnbilder des eigenen Seins »im Käfig« und ein Gruß der Natur in diesem Reich des Überraffinements, wo »feine Sitte« galt und der schwerste Vorwurf in der Frage lag: »San mir im Wald?« Die Vögel waren die einzigen dauernden Insassen des Hauses, kein Mann wohnte ständig da, selbst der Besitzer nicht, und auch die Mädchen veränderten sich.

Maison Goldschmied stand im intimen Geschäfts- und Austauschverkehr mit gleichrangigen Freudenhäusern anderer Städte. Jedes Lokal bedurfte nämlich eines ziemlich feststehenden Ensembles, in dem alle Rollenfächer besetzt werden mussten. Die Gruppen waren nach Statur, Genre, Naturell, Gesichtsfarbe, Haarfarbe, Nationalität und Bildungsgrad eingeteilt. Was man doppelt hatte oder vielfach, das wechselte man eben aus; mit Maison Frida in der Budapester Magyar-Utca, mit Madame Rosa, Salon Killinger und der Hondl in Wien, mit Féhér in Arad, Maria Pohl in Außig, Schicketanz in Nürnberg, Ibsen in Dresden, Reisinger (»Zum blauen Affen«) in Leipzig, Hummel in Teplitz, Kraus in Brünn und Elger (»Weiße Weste«) in Reichenberg.

Zwölf Damen waren der Minimalbestand in der Maison Goldschmied. Die »Tüchtigsten« stiegen in Offiziersrang auf, wurden Wirtschafterinnen und hatten das Anrecht, mit »Sie« angesprochen zu werden; ihnen zahlte man die Zeche. Carmen regierte von 1904 bis 1909 und heiratete dann einen Hotelbesitzer, Valeska, genannt die »Schattenkönigin des Loyola« (1909 bis 1911), bekam eine Stellung als ärztliche Assistentin in Wien, Wilma (1911 bis 1914) wurde während des Krieges von einem Offizier in Triest erschossen, dessen Heiratsanträge sie abgewiesen hatte; Vera (1914 bis 1917) verehelichte sich mit einem Großindustriellen, Fritzi (1917 bis 1919) lebt wieder als unschuldiges Mädchen bei ihrem Vater, der Bürgermeister in Thüringen ist.

Nach Beendigung des Krieges tobte der Betätigungsdrang der Reformatoren, der Moralphantasten, der Sexualneidischen und der Neugierigen auch vor den Mauern des Hauses in der Gämsengasse. Der Sittenwächter Prags, Polizeirat Drašner, musste auf seinen Razzien hierher die Abgeordnete Frau Zemin mitnehmen, und die Heilsarmee. Der Salon Gogo bekam salbungsvolle Predigten und donnernde Versammlungsreden zu hören, ohne dass nur eine einzige Seele aus dem Fegefeuer gerettet oder der nationalsozialistischen Partei zugeführt worden wäre, weil die Agitatorinnen – ebenso wenig wie fünfhundert Jahre vorher der fromme Militius von Kremsier – ihren Hörerinnen keine sozialen Garantien zu leisten vermochten.

In Prag, wo die Not an Geschäftslokalen und Wohnräumen enorm war, entstanden neue Bars, Weinstuben, Tanzdielen, Kabaretts und andere Wurzlokale in Massen, was man als Zeichen für das Aufblühen der neuen Reichshauptstadt ansah. Überall kostete der Champagner bereits hundertzwanzig Kronen, die Flasche gewöhnlichen Weins vierzig, die Flasche Rheinwein sechzig, nur bei Goldschmied wurden noch die alten Preise eingehoben, für Rheinwein achtundzwanzig, für eine Flasche gewöhnlichen Wein zwanzig Kronen, die »Taxe«, die vor dem Krieg zehn Kronen betragen hatte, war auf vierzig erhöht. Aber die Angriffe verstummten nicht, und es hieß, die Behörden hätten Weisung, das Lokal zu sperren. So entschloss sich Herr Jakob Klein zu einem Angstverkauf: per 1. Januar 1920 wurden Gebäude und Inventar mit dem Weinkeller, den beiden Klavieren, den Gobelins, Statuen, Gemälden und Teppichen um 480 000 Kronen an die Wiener Eisenfirma Rudolf Schmidt & Comp. veräußert. Silvester 1919 war die Abschiedsnacht. Die Mädchen packten ihre Sachen und zogen von dannen, Herr Klein ging nach Hause und legte sich nieder, um zu sterben.

Wenn heute jemand nächtlicherweile die Glocke des Hauses Nummer sechs in der Gämsengasse noch so dringend zieht, es wird ihm nicht mehr aufgetan.

Edmund Edel
Die Invasion der Bohème

Wieso gerade das kleine Café der Hauptsitz des Geistes geworden ist, kann kein Geschichtschreiber ergründen. Die Tatsache bestand eines Tages, dass nur hier im großen Berlin sich der Geist und die Seele in den nötigen Schwung bringen lassen können. Es war, als wenn die Marmortische mit süßem Leim bestrichen wären, auf den die geistig bedeutenden Fliegen Berlins krochen und kleben blieben. Allerdings hatte die Ausdehnung Berlins nach dem Westen auch die Literaten und Künstler mit hinausgezogen und sie aus ihren Versammlungsorten im Innern der Stadt verdrängt. Aus dem alten Café Kaiserhof, wo jahrzehntelang die geistige Elite Berlins verkehrte, und aus dem Café Schiller bröckelten eine ganze Masse Stammgäste ab, denen der Weg in die Stadt von ihrem im Westen gelegenen Heim zu weit war.

Das kleine Café bekam seine Spezialität, wie alles in Berlin sich durch etwas Besonderes auszeichnet. Bekanntlich

ist irgendein Etablissement berühmt wegen eines Spezial-
gerichtes oder wegen seines Pilsener Urquells oder wegen
seiner Austern. Das kleine Café wurde berühmt nicht nur
wegen seiner guten Wiener Küche, seines vorzüglich gepflegten Pilseners, als auch wegen seines Größenwahns.
Nicht wegen des Größenwahns seines Besitzers, sondern
wegen des der Besucher. Allmählich überzogen Scharen
von Geisteshelden aller Fakultäten das Kaffeehaus, saßen
und lagerten an den Marmortischen am helllichten Tage
und in tiefdunkler Nacht, und wenn es hoch kam, hatten sie
eine Zeche von 55 Pfennig gemacht, in die nur drei Schoko-
ladenkakes eingerechnet waren, obgleich der Oberkellner
über diese geringe Anzahl ungläubig den Kopf schüttelte.
Aber sie saßen an den Marmortischen wie an den Wassern
Babylons und weineten über die Welt und über alles Beste-
hende und schimpften und zeichneten Karikaturen auf den
Tischdecken und auf den Marmorplatten. Die Gehirnblitze
aber flogen in das Nichts und zuckten krampfhaft im Welt-
all auf, die Karikaturen und Zeichnungen jedoch verbot der
Wirt den Kellnern wegzuradieren, und er ließ schnell Glas-
platten darüberschrauben. Zum ewigen Angedenken und
damit er für den Ausfall der vielen nicht bezahlten Schoko-
ladenkakes doch wenigstens etwas hätte.

Alles, was in Berlin bis in die weitesten Vororte hinaus
dichtet, malt, bildhauert, schauspielert und in letzter Zeit,
in dieser glorreichen Zeit des Kientopps, filmt, kommt in
das Café des Westens. Man empfindet jeden Tag als einen
verlorenen, wo man nicht diese eigentümliche Luft geatmet
hat, die geschwängert von geistigen Paroxysmen, durch-

weht von Zigaretten- und Zigarrenqualm auf den Köpfen der Besucher lagert. Hier im Café ist der große Gedankenaustausch, hier werden die Schlachten der Cliquen geschlagen. Hier werden Weltanschauungen täglich aus dem Ärmel geschüttelt, Existenzen vernichtet, neue Helden auf den Thron gehoben, Kritik geübt an allem, was man nicht selbst geschaffen hat. Hier wird das große Hohngelächter des Übermenschen angeschlagen. Hier wartet jeder auf den Augenblick der Macht, auf diesen großen Augenblick, wo auch er einmal wirklich etwas zu sagen haben wird. In der Ecke rast der Sturm, in der andern säuseln zarte neopathetische Winde, aber allen wird mit gleicher Liebe die Schale Haut serviert, und allen schmeckt gleichzeitig gut das Pilsener und das Gulasch.

Die ganz großen Zeiten der Bohème sind vorüber. Damals, als noch Erich Mühsam, der Gewaltige, der Feind aller Friseure, der Wollhemdanarchist, seinen Talersport im Kaffeehaus betrieb. Nichts war diesem Verächter der Menschheit heilig. Kein Wort der deutschen Sprache gab es, das er nicht zu einem Schüttelreim verarbeitete, und keinen einigermaßen kapitalkräftigen Bewunderer seiner Muse ließ er von dannen ziehen, ohne ihn nicht um einen Taler als Tribut für die Kunst erleichtert zu haben.

Man gab dem kleinen Café den Beinamen Café Größenwahn. Und diesen Namen trägt das Café mit großen Ehren, und es wird ihn verteidigen bis in alle Ewigkeit.

E.

Else Lasker-Schüler
Unser Café
Ein offener Brief an Paul Block

Sire, Sie möchten etwas aus unserem Café wissen, aber unser Café ist schon seit ungefähr Pfingsten nicht mehr unser Café. Gestern las ich in einer Chicagoer Zeitung, die mir meine Schwester aus Amerika sandte, schwarz auf weiß, warum unser Café nicht mehr unser Café ist, bitte hören Sie, Sire. »Früher war das Stelldichein all dieser ›Radikalen‹ das Café Größenwahn. Aber eines Tages verbot der Besitzer der Dichterin Else Lasker-Schüler, die zu diesem Kreise gehört, das Lokal, weil sie nicht genug verzehre. Man denke! Ist denn eine Dichterin, die viel verzehrt, überhaupt noch eine Dichterin? Sie empfand das mit Recht als eine unerhörte Beleidigung, als schimpfliches Misstrauen gegenüber ihrer dichterhaften Echtheit. Ebenso dachten die anderen. Daher verließen sie empört das Lokal.«

Ob das alles nun wortgetreu wiedergegeben ist – jedenfalls begab sich die Schreckentat an einem Sonntag, meine

Seele wurde Werktag, bäumte sich auf und sehnte sich nach Revolution. Kein Vers, keine Stimmung, kein Pathos, nicht der schäumendste Überschwang hatte unsere Gemeinschaftlichkeit so fädenverstrickt zusammengerollt wie diese unerhörte Begebenheit; Herr Café-des-Westens hatte mir, uns allen, das Betreten seines Cafés ein für alle Mal untersagt. Ungeheuer! Allerdings, wenn ich auch nichts verzehrt hätte. Aber dem war nicht so, ich war gerade im Begriff, meine zweite Bestellung zu entrichten, Schokolade mit Sieb (da ich die Haut nicht mag), als Herr Café-des-Westens aus einer Ecke auf mich Lesende losstürmte und rief: »Es geht nicht, dass Sie hier sitzen bleiben, ohne etwas zu verzehren!!!« Neben mir saß mein Reichskanzler Bisam O. Er ist feig, aber seine rosa Haare standen Hügel, wurden brandrot und sprühten Feuer. Dann kamen hintereinander meine verehrten Freunde, die Häuptlinge, und die Schlacht begann.

Soll ich Ihnen nun doch noch über die früheren Ereignisse dieses Cafés erzählen oder genügt es, wenn ich Ihnen sage, Sire, dass wir dort die schönsten Abende, namentlich zu Zeiten Lublinskis, erlebten; den haben wir alle kolossal verehrt, und er lachte selbst herzhaft, wenn ihn der »Blümner« nachahmte. Unser Zorn liegt nun über dem Café des Westens wie über einem verlorenen Paradies, in dem wir nicht sündigten, aber das an uns sündigte. Als wir auf der Straße standen, gedachten wir mit Wehmut des Gründers unseres verlorenen Cafés. Herr Rocco hatte es sich als besondere Freude angerechnet, dass wir Künstler in seinen Räumen verkehrten; wir Künstler haben sozusagen das

Café des Westens mit auf die Welt gebracht, wir Künstler haben ihm das erste Feierkleid geschenkt, wir Künstler haben es zur Königin aller Cafés erhoben! Einer von uns hielt diese Rede in die Nacht hinaus, ich glaube, ich war's, und den Chor gaben meine tiefergriffenen Kameraden und Kameradinnen. Allerdings war Rocco kein Bär, noch nicht einmal ein Tanzbär, keinesfalls ein Brummbär. – – – Nur einmal in der Woche treffen wir uns nun in der Konditorei Josty am Zoo, wir wollen keine Kaffern mehr sein. Auf einer Erhöhung sitzen wir an zwei Tischen, und Sonnabend halten wir Geheimsitzung. (Unter Diskretion, bitte.) Wir wollen Herrn Café-des-Westens zwingen, sich zu entleiben, ich schlage vor, mit einem Cafélöffel. Bitte, hochverehrter Sire, kommen Sie doch unverhofft einmal, aber machen Sie sich keine Illusionen. Wir sind ganz leise und flüstern, scheint's, nur so von Mund zu Mund, lauter Spielereien. Wäre doch einmal nur einer größenwahnsinnig. Hysterisch sind nur Dilettanten. Manchmal aber reißt einer unseres Stammes schnaubend die Türe der Konditorei Josty um Mitternacht auf, den Tubutsch im Gewande. Doch unsere größte Überraschung bleibt, wenn unser Sänger kommt, der Dresdener Hofopernsänger Franz Lindner. Aus der Liedertafel holte ihn mein Heimatfreund Paul Zech. Noch sitzt überfließender Tenor in seiner Kehle, er muss uns den Rest weich über den Tisch herüber singen. Dann kommt eine innige Freude des Beisammenseins über uns, denn wir Künstler sind Kinder.

Georg Zivier
Debattierer und Spekulanten

Innerhalb des »musischen« Gaststättenbezirkes war das »Romanische« für viele nur eine Art Umsteigebahnhof. Man verabredete sich dort, um nach einer schnellen Tasse Kaffee weiterzuziehen. Andere allerdings wurden auch im »Romanischen« sesshaft, wie vorher im alten CdW.

Es war wie eine richtige Auswanderung gewesen, wie eine Flucht fast aus dem verlorenen Paradies am Kurfürstendamm, Ecke Joachimstaler Straße, in das gerundete Café zwischen Tauentzien und einem Appendix des Kurfürstendamms, der später Budapester Straße genannt wurde. Der rothaarige Zeitungs-Richard, und, selbstverständlich, der Exgraphiker und berufsbewusste Schnorrer John Höxter waren mitgezogen im Sog dieser inneren Emigration, auch die Lasker-Schüler.

Im »Romanischen« waren Wände, Tische und Gestühl bei weitem nicht so klapprig wie im »Alten Café«. Es gab hier einen großen rechteckigen und einen kleineren, fast quadratischen Raum, später »Bassin für Schwimmer« und »Bassin für Nichtschwimmer« genannt. Der kleinere Kaffeehausraum war wohl als Bassin für die ausgepichten »Schwimmer« zu denken, also für die sesshaften, mit allen Salben geriebenen oder schon von der Patina des Ruhmes oder auch der Verkommenheit gefirnten Hausgäste.

Das traf aber nur *cum grano salis* zu; denn der berühmte Malerstammtisch, umsessen von Max Slevogt, Rudolf Großmann, Emil Orlik, gelegentlich auch Leo von König und fast täglich besucht von Max Oppenheimer, der mit dem Zeichen »Mop« seine Blätter signierte, stand in einer Ecke im Bassin für »Nichtschwimmer« – sorgfältig bewacht vom gutmütigen Portier Nietz, auf dass sich kein naseweiser Irgendwer an den Tisch der Meister dränge.

Gemeinhin nahmen sie das Getränk in majestätischer Ruhe. Man hörte sie nicht, man sah sie nur. Doch war das nicht immer so, denn Max Slevogt, der Schöpfer der weltberühmten Gemälde von Francisco d'Andrade als Don Juan mit dem Champagnerglas, dieser Meister, dem sein Freund Max Liebermann das »Kaffeehaus-Sitzen« übelnahm, war ein großartiger Erzähler, und gab er gute Pointen zum Besten, so ertönte ein Götterlachen vom Stammtisch der »Pinsel-Professoren« (wie ein Lümmel sie einmal genannt hat) und erstaunt drehten die Leute die Köpfe nach der sonst so reservierten Runde am Würdetisch.

Ein aufmunterndes Element war auf seine Weise auch Emil Orlik, der immer Hastige, der immer nach Mädchen Spürende, gekleidet in feinster Eleganz, weil sein Bruder in Prag einer der besten Herrenschneider Europas war, und doch salopp wirkend mit seinem sorglos aufgesetzten Schlapphut und seinem Knebelbart. Orlik hatte die heftige Geste eines Bühnenschauspielers und auch die Fähigkeit, aus seinem Erscheinen im Café einen kleinen »Auftritt« zu machen. Doch überwog am Meistertisch die schon von Goethe empfohlene Gelassenheit. Im »Großen Bassin«, wie gesagt, tagten die Meistermaler.

Luigi Pirandello hingegen residierte während seiner Berliner Jahre im kleinen Raum. Da die meisten nicht wussten, wer er war, ließ man ihn in Ruhe. Aber auch dieser weltabgewandte, spitzbärtige, keineswegs mehr junge Dramenavantgardist (der Schöpfer der sechs Personen, die einen Autor suchen) stand unter der diskreten Bewachung von Herrn Nietz. Vom kleinen Bassin aus führte eine schön geschwungene Treppe zur Galerie. Dahinter lag das stille Paradies der Schachspieler, der Duellanten auf dem schwarzweißen Brett, umlagert von Trauben kritischer Kiebitze.

Außen umfriedete das »Romanische« die wohl schönste Kaffeehausterrasse Berlins. Da saß man, ruhevoll abgeschirmt, dicht am Trubel zwischen Gedächtniskirche und Tauentzienstraße, trank behaglich seinen Schwarzen, während draußen die Räder der Autos knirschten und die Zeitungshändler die Tagessensationen ausschrien. Von den Bäumen des Zoologischen Gartens wehte Chlorophyll herüber und im Herbst der strenge Duft der morschen Blätter.

Wenn nachts der Lärm der Straßenbahnen und der Autos abgeebbt war, hörten die »Nachtvögel«, die auf der Kaffeehausterrasse einen Extrunk machten, manchmal die Rufe ihrer gefiederten »Brüder und Schwestern« aus den Zoo-käfigen, das Heulen der Eulen und den kurzen Schreck-schrei der Käuze.

Vor dem Einbruch der Bohème ist das »Romanische« eines der vielen Berliner Fremdencafés gewesen, unter denen ein paar Stammgäste saßen, um in Ruhe die Zeitung zu lesen oder Briefe zu schreiben. Nunmehr drangen die nachlässigen Leute des CdW ungestüm in den gepflegten Bereich.

Der Wirt, Herr Fiering, war zunächst ganz zufrieden damit, denn bei der starken Konkurrenz war der »Laden« oft nicht voll gewesen. Später soll er sich manchmal über-legt haben, wie er die »starken Verzehrer« (auf Pump), aber »schwachen Bezahler« (aus eigener Tasche), die bei einer Tasse Kaffee stundenlang debattierenden Literaten und Möchtegernliteraten wieder loswerden könnte. Es ist ihm nie gelungen, und sein Schaden war es nicht, dass es so blieb. Summa summarum war die Kasse ganz respektabel.

In krassen Fällen von Nassauerei, also wenn etwa ein Gast männlichen oder weiblichen Geschlechts tagelang von ein Uhr mittags bis drei Uhr nachts bei einer einzigen Tasse Kaffee gesessen hatte, gab es den »Ausweis«. Dann legte der Geschäftsführer diskret ein gedrucktes Kärtchen neben die Tasse, auf dem zu lesen stand: »Sie werden ge-beten, unser Etablissement nach Bezahlung Ihrer Zeche zu verlassen und nicht wieder zu betreten. Bei Nichtbeach-tung dieser Aufforderung würden Sie mit Maßnahmen we-gen Hausfriedensbruchs zu rechnen haben.«

Kaffeehaus-Besonderheiten

»Aber unsere beste Bildungsstätte für alles Neue blieb das Kaffeehaus. Um dies zu verstehen, muss man wissen, dass das Wiener Kaffeehaus eine Institution besonderer Art darstellt, die mit keiner ähnlichen zu vergleichen ist. Es ist eigentlich eine Art demokratischer, jedem für eine billige Schale Kaffee zugänglicher Klub, wo jeder Gast für diesen kleinen Obulus stundenlang sitzen, diskutieren, schreiben, Karten spielen, seine Post empfangen und vor allem eine unbegrenzte Zahl von Zeitungen und Zeitschriften konsumieren kann.«   Stefan Zweig

Eduard Pötzl
Das Kaffeehaus im Sommer

In einer Zeit, da die Riesenschlange Wien sich häutet, dass uns die Fetzen ins Gesicht fliegen, da fast alles Wienerische anders wird, und nicht immer besser, muss man besondere Dankbarkeit einer Erscheinung widmen, die sich trotz der vielen modernen Umwertungen ihre ursprüngliche und gemütliche Art zu bewahren weiß. Das Wiener Kaffeehaus hat seine gute alte Seele auch in die neue Zeit herübergerettet, und bald wird der Tag kommen, an dem man zu ihm sagen muss: In deinem Lager ist Österreich!

Sind auch die allertraulichsten, verrauchtesten, altmodischen Kaffeehäuser verschwunden, so haben doch die eleganten, blitzblanken, neuen Lokale die überlieferte Gemütlichkeit aufgenommen und pflegen sie weiter. Die Kinder und Kindeskinder des alten Kaffeehauses sind wohl ein wenig protzig verzogen, aber den Familienzug haben sie doch alle und setzen einen gewissen Stolz darein, von der ehrwürdigen, mehr als zweihundertjährigen Kaffeehausdynastie abzustammen.

Es ist vielleicht die einzige Einrichtung in Wien, die Charakter gezeigt, die es verschmäht hat, das Ausland nachzuäffen. Überall sonst gewahren wir französischen und englischen Einfluss oder mindestens das Bestreben, in der weltstädtischen Uniform aufzugehen.

Das Kaffeehaus putzt sich mehr als ehedem, aber es bleibt der Wiener Mode treu, und darum hat es Schule gemacht in der ganzen Welt, ist vorbildlich geworden und unerreichbar geblieben; denn außerhalb unseres Vaterlandes gibt es zwar viele Erfrischungsstätten, die sich »Wiener Café« nennen, aber ein Wiener wird lachen über diese hilflose Unähnlichkeit oder er ärgert sich sogar und bekommt Heimweh.

Wie fest und treu das Wiener Kaffeehaus auf seinem Boden steht, das zeigte sich am deutlichsten, als der sezessionistische Größenwahn sich ermaß, auch diese Schöpfung einer älteren Epoche anzutasten. Kein sezessionistisches Kaffeehaus sah man fröhlich enden; solchen Frevel ließen sich nicht einmal entschiedene Anhänger der modernen Richtung gefallen, sondern mieden diese Orte des Schreckens, die endlich unter der Last ihrer Sünden zusammenbrachen. Es ist ein Umstand, der zu denken gibt, dass die junge Stürmerei in Literatur und Kunst von einem der ältesten Kaffeehäuser Wiens, vom seither demolierten Griensteidl, ausging und niemals in einem sogenannten sezessionistischen Lokal sesshaft war.

Ich merke schon: ich gerate ins Schwanken, weil von dem

Lieblingsaufenthalte der Wiener die Rede ist. Am Ende fange ich gar noch einmal vom Kaffeehause am Wintermorgen, vom Kaffeehause zur Jausenzeit im Herbst oder vom schläfrigen Kaffeehause zu erzählen an, worüber die Leser in früheren Jahren genug zu hören bekamen.

Daher mitten hinein in das Kaffeehaus zur Sommerszeit, von dem die undankbaren Gäste nichts wissen wollen, sobald einmal die Sonne hoch am Himmel glüht und die staubigen Lüfte heiß durch die Straßen wehen. Das macht einer so dem anderen nach und hält sich zur Erhaltung seiner Gesundheit für verpflichtet, in Hitze und Staub spazieren zu gehen, nur beileibe nicht das gewohnte Kaffeehaus aufzusuchen. In Wirklichkeit ist dieses sogar im Sommer ein Ort, der durch seine vielen Vorzüge zur Einkehr einlädt. Vor allem sind seine hohen und oft ganz verständig gelüfteten Räume kühler als die Außenluft. Die geringe Zahl von Besuchern lässt den Tabakrauch fast verschwinden, so dass nur der angenehme, würzige Duft nach gebranntem Kaffee übrig bleibt, der sofort einen Strom von Behagen durch die Nase in den inneren Menschen leitet. Grell liegt das Sonnenlicht auf dem Pflaster und den Häuserfronten gegenüber. Das Kaffeehaus aber hat etwas Dämmeriges, und selbst in seinen Fensternischen ist das Licht sanft abgestimmt, dass es beim Zeitungslesen nicht das Auge blendet.

Das gedämpfte Leben ringsumher ist ein reizvolles Seitenstück zu der in der toten Saison zu Mittagsstille in der großen Natur draußen, fern von der Großstadt, wie wir sie oft, ausruhend unter einem Baume, belauscht haben.

Dort ein flimmerndes Freilicht, das im Zirpen der Grillen und Summen der Insekten leise zu tönen scheint, hier der träumerische Schatten, in dem Menschenstimmen flüstern und Zeitungsblätter rauschen.

Zuweilen betritt ein neuer Ankömmling den Raum mit so festem Schritte wie zur Winterzeit, wenn der übliche Lärm solche Geräusche verschlingt. Jetzt aber, in der Stille des Sommers, hallt jeder Tritt wie unter einem Kirchengewölbe und unmutige Blicke richten sich auf den Störenfried. Diesem wird unbehaglich ob der Wucht seines Auftretens und er mäßigt seinen Gang, bis auch er in einem einsamen Winkel sitzt und sich über den Nächsten wundert, der so rücksichtslos hereinstiefelt.

In ruhiger Majestät sitzt die Kassierin auf ihrem Thronsessel bequem zurückgelehnt, ihr Reich überschauend. Die Glocke zu ihrer Rechten braucht ihren scharfen, die Marköre aufpulvernden Klang nicht ertönen zu lassen; es ist alles in schönster Ordnung. Berge von Zeitungen liegen vor jedem der wenigen Gäste neben appetitlich bereiften Gläsern frischen Wassers aus dem sanft sprudelnden Auslaufe der Hochquellenleitung nächst der Kaffeeküche.

Der Feuerbursche nickt auf seinem Platze hinter einer Zeitung. Von der Straße herein dringt durch die offene Tür der Hufschlag der Pferde auf dem Asphalt, das dumpfe Rollen der Wagen und verworrenes Getöne von Menschenstimmen. Die Leute draußen gönnen sich keine Ruhe; nicht einmal in den wärmsten Mittagsstunden. Sie müssen der Ewigkeit zujagen. Dagegen ist es im Kaffeehaus schier feierlich andächtig. Nun hat auch der Zahlmarkör eine Zeitung in der Hand und lehnt damit an einem Pfeiler, bis ihn das Schnarren des Telefons verjagt, weil er es bedienen muss. Dessen sonstige Hüterin, die emsige Frau, die in der Zurückgezogenheit dieser Gegend ihre Aufmerksamkeit zwischen weiblichen Handarbeiten, dem Telefon und gewissenhafter Reinlichkeitspflege teilt, hat für die unfruchtbarste Sommerszeit Urlaub erhalten und vermutlich ein Gastspiel in Marienbad oder anderen besuchten Badeorten angenommen. Sie will doch auch in der toten Saison zu leben haben.

In dieser schönen, milden Stille lösen sich die wildesten Ereignisse, von denen die herumliegenden Zeitungsstöße Kunde geben, so sänftiglich auf, als wären es längst überwundene historische Begebenheiten. Man liest von Blut und Leichen und kann sich doch der Müdigkeit in den Augenlidern nicht erwehren. Königsthrone stürzen und werden wieder aufgerichtet; kleine und große Reiche winden sich in Krämpfen – und das Kaffeehaus schläft darüber ein. In der weiten Welt draußen rumort der große Hexenkessel; hier hört man in manchen Pausen den Teekessel in der Kaffeeküche brodeln, die Uhr ticken und eine verirrte Fliege gegen die Spiegelscheibe stoßen. Es ist ein so fauler Sommerzustand, dass sogar die Billards im Hintergrund gähnen.

»Die Trull!«, lässt sich endlich eine selbstbewusste bauchige Stimme aus dem entlegenen Spielzimmer vernehmen. Darüber erwacht der heraußen über einer Zeitung schlummernde alte Kiebitz und schleicht vorsichtig hinein. Er gilt als der Champion aller »Verknobler« und wird daher von den Spielern immer weggestänkert. Aber wenn einer die Truul schon hat, darf er es wohl wagen, sich ihm zu nahen.

Und da sitzen nun die paar alten Herren beim Strohmandlspiel unter der elektrischen Lampe stundenlang. Es tut ihnen wohl, dass sie allein Lärm machen können, ohne fremden Lärm überschreien zu müssen. Sie bleiben dem Kaffeehause auch im Sommer treu; denn die Erfahrung des Alters hat sie weise gemacht; der Friede auf dem Lande ist jetzt durch die Sommerfrischler beeinträchtigt; das Wiener Kaffeehaus aber genießt einen ungestörten erquicklichen Sommerfrieden, der heilsam auf die Nerven wirkt.

Adalbert Stifter
Auf dem Wasserglacis

Rings um die ernsten, hie und da eckig vorspringenden Wälle unserer Residenz schlängelt sich in Krümmungen – eine grüne riesige Boa – das Glacis. Von zahlreichen Brückenstraßen, Alleen und Fußpfaden durchschnitten und in mancherlei mathematische Figuren geteilt, gewährt es, von den Bastionen aus angesehen, besonders abends, wenn alle die hellen Laternen flimmern, einen recht freundlichen Anblick, nicht minder an einem hübschen Frühlingsmorgen, wo das Grün noch frisch und die Kastanien und Akazien noch mit weißen Blütenflocken überschneit sind.

Des Morgens ist es der Exerzierplatz für das Militär, untertags ein Tummelplatz für die fröhlichen Scharen großer und kleiner Kinder, die da Bälle schlagen, Drachen steigen lassen und allerlei Kurzweil treiben, während sich die Wärterinnen unbesorgt im weichen Rasen lagern und plaudern, da sie die Erbfeinde der lieben Kleinen, scheue Pferde und rasselnde Fiaker, nicht zu fürchten haben; zugleich gewähren seine schattigen Alleen Raum für einsame Spaziergänger und Studierende.

Von diesem grünenden Gürtel nun, der die Vermittlung zwischen der innern Stadt und den Vorstädten bildet und mit Ausnahme der kurzen Strecke außerhalb des Rotenturmtores, die umfangreiche Taille unserer Residenz umschlingt, bildet ein ganz kleiner unbedeutender Kreisabschnitt, das Wasserglacis, gewiss den wichtigsten, meistbesuchten Bestandteil; und dahin fordere ich den werten Leser diesmal auf, mich zu begleiten.

Dieses sogenannte Wasserglacis liegt zwischen dem Karolinen- und dem sehr nahen Stubentore und ist durch die ganze Sommerszeit eine frühmorgens und in den Abendstunden sehr besuchte Promenade. Es ist ein mit Kastanien und Akazien bepflanzter Platz, einige hundert Schritte im Umfange, mit zahlreichen Hütten, Pavillons, Tischen und Bänken; denn es vereinigt einen Kaffeehausgarten und einen Kurplatz, da es eben von der Mineralwasseranstalt, die einst ziemlich besucht war, den Namen Wasserglacis erhalten hat. Wollen wir es denn einmal an einem schönen Sommermorgen besuchen!

Da sitzen an den Tischen unter den Akazien und in den Pavillons eine Menge Kaffeeverehrer, fast durchaus unverheiratete Herren, die statt sich zu Hause selbst die Finger mit dem heißen Kaffeesud abzubrühen oder sich in ein dumpfes, raucherfülltes Kaffeehauslokal in der Stadt zu setzen, es mit vollem Rechte vorziehen, im Freien ihr Frühstück zu genießen, wobei sie noch den dreifachen Vorteil: eines lauen Sonnenscheins, der zwischen den grünen

Zweigen herniederweht, einer hübschen Aussicht und einer ganz leidlichen Musik mit in den Kauf bekommen. Und ich versichere dich aus Erfahrung, mein lieber Begleiter, es sitzt sich dort ganz gemütlich und behaglich. Man schlürft den braunen Mokkatrank in langsamen Zügen, raucht eine wohlduftende Havannazigarre dazu, schaukelt sich bequem im Sessel nach dem Takte der Musik und blickt mit bewaffneten Augen hinüber in die Hauptallee, wo die Wassertrinkenden bei jenem kleinen Hüttchen einen Becher nach dem andern aus den Händen der kredenzenden Hygiea in Empfang nehmen, ihn mit sauersüßen Mienen an die widerstrebenden Lippen setzen und endlich den heroischen Entschluss fassen, bei einem auffordernden Takte der Musik seinen Inhalt hinabzustürzen. Dann wandeln sie auf und nieder, bis der wiederholte Klang des Pfropfenziehers am Plutzer zu ihnen erklingt; ein Zeichen, dass die Becher frisch gefüllt wurden. So wiederholt sich dies, bis jeder Gast die ihm vorgeschriebene Anzahl Becher geleert hat. Doch muss ich hiebei bemerken, dass sich die Anzahl der Wassertrinkenden seit einigen Jahren bedeutend vermindert hat; denn jetzt macht niemand mehr die Mode mit, was damals der Fall war.

Andere sitzen auf den Bänken und lesen, lorgnettieren, rauchen oder tun ganz und gar nichts; einige gähnen; andere stehen auf, wenn der Mann mit dem Notenblatte sich ihrem Horizonte nähert; die Damen beschäftigen sich mit weiblichen Arbeiten; die Kinderwärterinnen zanken mit den Kindern, und ich kenne sogar einen, der seinen zwei Schülerinnen am Wasserglacis Vorlesungen in der Ästhetik hält, ohne sich durch die manchmal entsetzlich falschen Akkorde der Musik oder durch das Schreien eines unästhetischen Kindes oder das bekannte Plutzerklopfen irremachen zu lassen. Rendezvous werden gehalten – manchmal auch nicht –, wobei gewöhnlich der umsonst harrende Teil seinen Gram in einer Melange und etlichen Kipfeln bestattet.

So geht dies stille Treiben fort bis gegen den späteren Vormittag, wo die Sonnenstrahlen etwas feuriger werden und die matt werdenden Musiker verjagen, mit deren Abgang sich so ziemlich alles zerstreut.

Untertags siehst du fast niemanden am Wasserglacis – als höchstens einige alte Herren, die nach dem Essen ihren »Schwarzen« trinken und die beiden politischen Orakel, den »Beobachter« und die »Allgemeine«, mit tausend unwilligen Rufen vom Markör fordern, der sich aber achselzuckend entschuldigt, indem die »Allgemeine« schon in der Hand sei und der »Beobachter« schon pränummeriert.

Ziehen wir aber abends den Vorhang empor – und du wirst staunen, besonders wenn es an einem schönen Sonntagabend geschieht. Du siehst – mit Abrechnung der Equipagen und Reiter – ein kleines Daguerreotyp des Praters. Viele Lampen blitzen an den Bäumen, auf den Tischen; ein Schwall von geschmückten Lustwandelnden durchzieht in beständiger Kreisung die drei kurzen Alleen; die Musik ist besser und vollstimmiger; alle Tische sind besetzt; alles ruft, klingt an die Gläser, schleppt Stühle herbei, die von anderen Tischen mit Gewalt oder List entwendet wurden – kurz, das Wasserglacis hat ein ganz verändertes, aufgefrischtes Aussehen.

An den Bänken aber längs der Bäume würdest du vergeblich einen Platz suchen – alles ist von Zuschauern besetzt, die das bunte Gewimmel vor ihren prüfenden Blicken die Revue passieren lassen. Tausende verschiedene Dinge siehst du und hörst du, wenn du dich in die bunte Menge begibst.

Komme aber nach acht Tagen wieder hierher und in ein paar Wochen wieder, so kennst du den größten Teil aller derer, die da vor dir umherwandeln oder in den Reihen der Bänke figurieren; denn das Glacis hat sein stabiles eigenes Publikum, welches nur einen ganz geringen Bestandteil fremdartiger Elemente in sich fasst …

Egon Erwin Kisch
Café Kandelaber

Der Menschheit ganzer Jammer fasst mich an, wenn ich so um fünf Uhr früh beim Café Kandelaber mein Frühstück verzehre. Es ist zwar ein famoser Trunk, der achtziggradige, mit angenehm im Magen flammendem Rum vermengte Tee, der hier kredenzt wird – aber er bleibt doch nur ein Frühstück, ein verteufelt kategorischer Schlusspunkt nach einer schönen, kaum begonnenen Nacht. Das ist es, was mich grollen macht. Ich bin bös auf die ganze Welt. Es ist aber auch wirklich zu arg mit ihren Einrichtungen. Jedes Schulkind weiß zum Beispiel, dass der Erfinder der Dampfmaschine James Watt hieß. Weil dieser beim Brodeln eines Teekessels auf die Idee kam, die Dampfmaschine zu erfinden. Auch schon etwas? Ein anderer Erfinder, der wohl beim Vorbeifahren einer Dampfmaschine, sei es einer Lokomotive oder einer Lokomobile, auf die Idee kam, sie als Teekessel zu verwerten, ist keinem Schulkinde bekannt, seinen Namen meldet kein

Lied, kein Heldenbuch. Und doch ist die Verwendung der Lokomotive als Teekessel – das Café Kandelaber – eine Erfindung, die Hunderten von müden Pilgern im nächtlichen Prag die Wohltat eines aufpulvernden, wärmenden Trankes gewährt. Der Name eines solchen Wohltäters wird in der Weltgeschichte nicht verzeichnet! Ich muss meinen Groll hinunterspülen.

»Frau Jemelka, noch einen Achtziggradigen, Zwanzigprozentigen um fünf, etwas zum Aufweichen und zwei Retten.«

Frau Jemelka stellt ein Glas unter die Mündung des Messingrohres, dreht den Hahn nach rechts und lässt die Essenz in mein Glas rinnen, in welches nun das heiße Wasser kommt. Dann sucht sie mir eine Mohnbuchte zum Aufweichen aus und gibt mir zwei »Sport«. Sie weiß ganz gut, dass mit der Bestellung der Retten – so wird der Ausdruck »Zigaretten« in vorgerückter Nachtstunde abgekürzt – nur »Sport« gemeint sein können, damit die Zeche die runde Summe von zwanzig Heller ausmache.

Jawohl, bloß zwanzig Heller! Man zeige mir, bitte, ein Kaffeehaus, wo für dieses Geld ein warmes Frühstück mit Mehlspeise und Zigaretten erhältlich ist. Dabei habe ich noch die feinere Teesorte, die um zehn Heller – nobel muss die Welt zugrunde gehen! – getrunken und »Sport«, statt der billigen und hier bedeutend stärker verlangten »Drama« geraucht.

Frau Jemelka steckt das Zwanzighellerstück in eine Blechbüchse, die ihr als feuer- und einbruchssichere Kassa dient. Zwölf Prozent gehören der »Cafétiere«, die nicht selbständige Unternehmerin ist, sondern eine Angestellte der Klein'schen Likörfabrik vom »Roten Stern« in Karolinental. Das fahrbare Teehaus ist Eigentum der Klein'schen Fabrik, und diese liefert die Essenz, die Tee, Rum und Zucker enthält. Den Erlös der verkauften Quanten, abzüglich der Provision von zwölf Prozent, muss Frau Jemelka abführen.

Keine Angst, die gesetzte, ins Pragerische transponierte Geisha kommt trotz alledem auf ihre Kosten. Das ambulante Teehaus, das manchen nächtlichen Passanten nährt, nährt auch seinen Mann. Im Winter kommen die Bettmeider frierend zu dem Teeverschleiß, um sich an dem behaglichen Koksofen zu wärmen, im Sommer aber gibt es zahllose Menschen, welche den im Einkehrhaus »U valšu« zu entrichtenden Logierpreis von zwanzig Hellern als eine überflüssige Ausgabe betrachten und lieber in der lauen Luft der Gassen umherspazieren. Die statten dann dem Café Kandelaber längere Besuche ab und geben oft dreimal so viel Geld aus, als das Nachtquartier kosten würde.

Außerdem haben die Kandelaber-Cafétiers noch ganz gute Nebeneinkünfte. Wenn irgendein Neuling kommt – an der Frage nach dem Preise eines Glases Tee ist er erkennbar –, dann wird ihm statt der feinen, der Zehn-Heller-Essenz, die Acht-Heller-Essenz gereicht, aber das Greenhorn muss den teureren Preis bezahlen. Oder wird der Hahn des Kesselrohres zurückgedreht, bevor das vorschriftsmäßige Quantum der Essenz herausgeronnen ist. Wehe aber, wenn der eine solche Manipulation bei einem gewiegten Bummler in Anwendung bringen wollte! Der weiß ganz genau, dass der rechte der beiden durch ein festes Schloss vor Verfälschung oder Verwässerung durch den Kandelaberwirt geschützte Kessel die teure, der linke Kessel die billige Essenz birgt, und der wacht mit Argusaugen darüber, dass kein Tröpfchen der vorgeschriebenen Essenzmenge im Rohre des Kessels bleibe. Der würde für einen Übervorteilungsversuch Worte finden, die selbst in dem Milieu des Café Kandelaber ihre Wirkung nicht verfehlen würden.

»Café Kandelaber.« Eigentlich haben die gastlichen Lokomotiven, die in der Nacht an den Straßenecken Station machen, offiziell einen anderen Namen. »Ambulance heißer Getränke« steht mit goldenen Lettern auf der Wagenfront. Aber der Ausdruck hat sich nicht eingebürgert. Er trifft auch nicht mehr so recht zu. Freilich ist das Teehaus ambulant, und um die neunte Abendstunde kann man das nicht mehr ungewohnte, darum aber nicht minder seltsame Schauspiel genießen, eine Lokomotive mit einer vorgespannten Dogge durch die Straßen fahren zu sehen. Dann aber bezieht sie ihren Standplatz, den sie jahraus, jahrein innehat, der Hund kuscht sich zwischen den Rädern, und Wagen und Hund rühren sich bis zum Morgengrauen nicht von der Stelle. Früher, vor etwa dreißig Jahren, war das anders. Da fuhr der Teemann durch die Straßen und machte nur auf Anruf eines hungrigen oder durstigen Passanten Halt. Dieses Geschäft, das nur auf dem Zufall einer solchen Begegnung aufgebaut war, rentierte sich nicht. So zogen sich denn die Kandelaber-Cafétiers resigniert an die Ecken der Gassen oder an die Kandelaber der Plätze zurück. Und siehe da! Kaum hatte sich der Planet in einen Fixstern verwandelt, so war er schon beliebt. Da der Berg nicht mehr zum Mohammed kam, da kamen die Mohammedaner zum Berg. Der Ausdruck »Café Kandelaber«, dessen beide Worte so prächtig miteinander kontrastierten, wurde populär, und er ist dieser Erfrischungsstelle bis zum heutigen Tage geblieben, obwohl jetzt eine Verwechslung möglich wäre, da sich ein findiger Wirt für sein Nachtkaffeehaus in der Karlsgasse, dessen Stammgäste sich aus denselben Gesellschaftsschichten rekrutieren, aus denen die Gäste der fahrbaren Teehäuser stammen, den Namen »Café Kandelaber« behördlich protokollieren ließ.

Von da ab erfreuten sich die fahrbaren Teehäuser steten Zuspruchs. Die Droschkenkutscher des nahen »Staffels« und der gleichfalls dicht benachbarte Würstelmann polemisierten und pokulierten, bis längst das Licht auf der Höhe des städtischen Kandelabers verlöscht und die Wagenlaterne des »Kaffeehauses« angezündet war. Zu ihnen gesellten sich Nachtvögel verschiedener Gattungen und blieben auch keine kürzere Zeit stehen. Der Teewagen auf dem Altstädter Ring erfreute sich einer so außerordentlichen Beliebtheit, dass sie dem Wirte sogar verhängnisvoll wurde. Hier strömten nämlich zu der Zeit, als noch die Josefstadt nicht assaniert und voll von niedrigen Beiseln war, nach der Gasthaussperrstunde verschiedene Leute zusammen, die hier ihre Affären der Liebe, des Alkohols und des Verbrechens fortsetzten. Das ging gar nicht leise und gar nicht ohne blutige Raufhändel ab. Das Café Kandelaber war fast täglich in den Rapporten des Altstädter Polizeikommissariates erwähnt und schließlich verbot man dem Wirt diesen Standplatz. Er durfte den Ring überhaupt nicht mehr passieren, und erst als die dunkelsten Häuser der Josefstadt dem Erdboden gleichgemacht worden waren, durfte er wieder in das gelobte Land einziehen. In der letzten Zeit wird diese Geschichte in den Kreisen der »Kandelaber«-Gäste besonders oft besprochen. Man glaubt, dass durch dieses seinerzeitige Platzverbot ein Präzedenzfall vorhanden ist, der dem Teemann vom Josefsplatz verhängnisvoll werden kann: Man werde ihm diesen Platz verbieten, damit er dem Repräsentationshaus keine Konkurrenz mache.

Es ist fünf Uhr geworden. Schon graut der Tag und dem Leser. Ich muss meine sachlichen Erwägungen schließen, wenn ich noch rechtzeitig zum Five o'Clock Tea ins Café Kandelaber kommen will.

Joseph Roth
Café Dalles

Das Café Dalles in der Neuen Schönhauser Straße 13 hieß einmal Engelspalast. So ändern sich die Zeiten. Es war eine Zeit lang öffentliche Speisehalle, und ich glaube, das ist wohl seine ursprüngliche Bestimmung. Engelspaläste werden nicht von vornherein so gebaut: mit langen Schlünden, deren äußerstes Ende, wie das Ufer eines weiten Sees, unsichtbar in Rauchnebeln verschwindet; und mit einem zweiten Eingang links, in dem einmal ein Séparée für Engel außer Dienst war und heute ein Roulettetisch steht und Roulettespiele an den Wänden hängen, Kästen mit Glasscheiben, mit buntbemalten Ansichtskartenhintergrund, harmlos wie Spielzeuge für die heranreifende Jugend.

Kirsch, der Einbrecher, und Tegler Willy und der Apachenfritz sitzen am Tisch, und gegenüber steht der Herr Wachtmeister. Hinten am Ende des Schlundes sitzt Elle auf irgendjemandes Knien, denn sie hat neue Strümpfe an.

Es geht nicht, dass man die neuen Strümpfe nicht zeigt. Sie hat blonde Löckchen ins Gesicht gekämmt. Die Löckchen sind etwas steif und baumeln, wie gestärkte Rüschen, um das Gesicht. Ich glaube, sie hat keinen Wunsch als den nach einem halbgeleerten Allasch. Mag sie ihn trinken. Mein Freund gibt ihr ein Butterbrot. Ich glaube, sie hat gar keine Wünsche mehr. Neue Strümpfe, einen Allasch und ein Butterbrot. Es ist wirklich ein Engelspalast.

Kirsch (ich weiß nicht, wie er augenblicklich mit der Polizei steht, sein Verhältnis zu dem Wachtmeister lässt auf einen Waffenstillstand schließen) dreht vielleicht eine neue Sache oder er bespricht eine Skatpartie, eine harmlose, oder wird bald hinübergehen, links, wo der Roulettetisch steht. In der Ecke rechts beim Eingang spielt jemand Klavier, und Kirsch geht Geld einsammeln. Vielleicht fühlt er die Notwendigkeit, sich irgendwie zu betätigen. Alle geben ihm aus Respekt oder weil sie eben geben wollen, obwohl sie das Spiel kaum hören. Die dünnen Klänge sind in Zigarrendunst, wie in Wattebäusche, eingewickelt. –

Robert Ascher
In der Alhambra

Vor langer Zeit gab es in Wien das Café A l h a m - b r a. Dieses Café Alhambra war keine orientalische Burg, sondern ein ganz kommunales Nachttschecherl. Die orientalische Pracht wurde durch schleißig rote Tapeten, durch schabenzerfressene rote Vorhänge an den Fenstern und durch rotes Seidenpapier markiert, das man um die Gaslampen wickelte. Neulinge kamen sich kaum anders vor denn als Abc-Schützen am ersten Schultag. War doch die Alhambra nicht nur ein Stück unseres armseligen Nachtlebens, sondern im Besonderen so eine Art Taferlklasse der Liebe. Dorthin schlichen nachts auf krummen Wegen Mittelschüler, Lehrlinge und Praktikanten; Mutige allein, Zaghafte von älteren Kameraden geführt, die sich gar nicht wenig darauf einbildeten, einen solchen Vorsprung zu haben. Meist erfolgten diese »Schulbesuche« am Samstag oder um den Monatsersten herum. Von wegen des Schulgeldes, das vorher mühsam zusammengekratzt werden musste.

Die Schule.

Beim Eingang stand ein Mann mit einer goldbordierten Kappe, dessen Aufgabe es war, ehrerbietig die Kappe zu lüften, die Tür zu öffnen und die Hand aufzuhalten. Der Raum war erfüllt von rötlicher, einlullender Dämmerung und die Bude roch nach Rum, Kaffeeabsud, Bierresten, Tabakrauch und billigem Parfüm. An den Wänden gab es »Logen«. Was sich in diesen Logen begab, konnte vermittels eines Schiebevorhanges den Blicken Neugieriger entzogen werden. Für die Stimmung sorgte eine Damenkapelle. Mädchen, Frauen und Großmütter in weißen Kleidern mit roten Schärpen machten eine Musik, die sich nur Gäste gefallen lassen, die nicht wegen der Musik da sind, oder solche, die sich bereits in einem Zustande befinden, in dem man jedes Geräusch für Musik hält. An einzelnen Tischchen saßen brave ältere Familienväter, vom Alkohol verlockt, einmal »verfluchte Kerle« zu sein, die Augen verdrehend, beim Sprechen lallend, unterm Tisch nachzählend, ob's noch langt zum »verfluchten Kerl«. Außerdem einige Gesellen, denen der Hut an den Kopf gewachsen schien, Gestalten, vor denen man sich bekreuzigte, wenn man ihnen in einsamer Gasse begegnete. Die blickten streng, mit zugekniffenen Augen, herum, ob alles seine Richtigkeit habe, und handelten nach ihrer Überzeugung, dass man mit der Arbeit die Zeit versäumt. Dann saßen noch vor einem Ecktischerl ein Wachmann in Uniform und ein Polizeibeamter in Zivil, um über die Sittlichkeit zu wachen. Je eine Flasche Bier hatte den Zweck, das Augenzudrücken zu erleichtern.

Die Lehrerin.

Sonst aber gab es da zumeist Jünglinge. Schüchtern traten sie ein, hatten Angst, von einem Bekannten bei diesem ersten Ausflug in eine fremde Welt ertappt und zu Hause vertratscht zu werden. Sie ließen sich an dem erstbesten leeren Tisch nieder und bestellten bei dem Kellner, der geschäftig die Marmorplatte mit der Serviette abwischte, einen Schwarzen. Dann erst trauten sie sich, umherzuschauen in diesem Lokal, von dem sie schon so viel gehört, so viel Wunderbares und Sündiges. Nachdem der Kellner das Bestellte gebracht und für alle Fälle eine »Weinkarte« hingelegt hatte, pflanzte sich vor dem jungen Gaste unvermittelt ein Mädel auf, das bis dahin unsichtbar war und auf einen Wink der wohlbeleibten Dame in der Kasse – der Kaffeehausbesitzerin, die mit flackernden Blicken den Betrieb dirigierte – an die »Arbeit« ging. Lieb und so vertraulich, dem Neuling die Sache gar nicht schwer machend, bat sie:

»Därf i mi a bisserl zu dir setzen, Herzerl?«

Der artige junge Mann, entzückt von der Eroberung, die er da, wie er fest glaubte, um seiner selbst willen gemacht, erhob sich und stotterte: »Bitte sehr, Fräulein.«

Wie stolz war er, das so schön sagen zu können.

Dann nahm sie Platz. Sprungbereit stand der Kellner in der Nähe. Und eine der Gestalten mit dem angewachsenen Hut stierte die beiden unverwandt an.

»Zahlst a Flascherl Bier, Herzerl? I hätt' so viel ein' Durst.«

Darauf war er vorbereitet. Er bestellt – wie wohl das

tut, für eine Dame bestellen zu dürfen! – und der Kellner brachte.

»Därf i a Glaserl mein' Bruadern zum Trinken geb'n? Der was dort sitzt, is mei Bruader.«

Der Bruder.

Der »Bruader« war die Gestalt mit dem angewachsenen Hut. Konnte der Jüngling »nein« sagen? Das konnte er nicht. Umso weniger, als gerade die Damenkapelle: »Trink' ma no a Flascherl ...« spielte und die »verfluchten Kerle« dieses schöne Lied mitgrölten.

Der »Bruader« trank das Glas in einem Zuge aus und verlangte noch. Verlangte es so, dass es kein Abschlagen gab. Die »Schwester« füllte nach.

»Jesses, jetzt is die Flaschen scho leer. Geh, bestell' noch eine.«

»Ein' Hunger hab' i, dass mir der Magen kracht«, gestand jetzt die Schöne, vertraulich näher rückend, so dass der arme Jüngling kräftig zu schwitzen begann, »lass mir a Paarl Würstel geb'n.«

Er ließ Würstel geben. Es ist doch nett von einer Dame, von ihrem Kavalier nur simple Würstel zu verlangen. Er kaufte dann auch »Veigerln«, als eine Blumenfrau dem »feinen jungen Herrn« solche für »die schöne Fräul'n« anbot, die ihn bereits um den Hals genommen hatte, auch zwei Faschingskrapfen, um die er bei nochmaligem Näherrücken ersucht wurde, wovon einen der arme, am Hungertuch nagende »Bruader« bekam, und gab bereitwillig eine Krone, für die seine Holde morgen der »kranken Muatter was z'essen« kaufen wollte. Die Krone verschwand im Strumpf. Der

»Bruader« zog dabei einen Bleistiftstumpf vom Ohr hervor und machte auf der Marmorplatte einen Strich. Damit ihm »die Karnäulli« nichts unterschlage.

Nach der fünften Flasche Bier ging der Jüngling dorthin, wo »Hier« stand, um nachzuzählen, ob es für noch Weiteres lange, und als er zurückkehrte, tuschelte er glänzenden Auges und kammgeschwoll etwas vom »Alleinsein«.

»Später«, vertröstete sie ihn, »bis weniger Leut' da sind. Jetzt muass i no aufs G'schäft schau'n. Trink ma no a Flascherl.«

Und sie tranken noch ein paar Flascherln unter gütiger Mithilfe des »Bruaders«, und er gab weichherzig noch eine Krone für die »kranke Muatter«, die er diesmal selbst in den Strumpf schieben durfte, und der »Bruader« – welch schöner Familiensinn – machte wieder ein Stricherl.

Die Schul' ist aus.

Darüber wurde es später und später, der Jüngling immer ungeduldiger und drängender. Die Damenkapelle machte immer größere Pausen und ging schließlich schlafen. Eingeschlafen waren auch die braven Familienväter, ehe sie noch »verfluchte Kerle« zu sein Gelegenheit fanden, eingeschlafen auch, um den bereits eingetretenen Zustand völliger Stierität zu vergessen. Einen nach dem andern führte der Mann mit der goldbordierten Kappe an die frische Luft, wobei er den wohlgemeinten Rat erteilte:

»Gehn S' ham und schlafen S' Ihnen Ihren Rausch aus.«

Einzelne Lichter wurden abgedreht, nur unser Neuling wartete noch immer auf das »Alleinsein«.

Als er schließlich zudringlich zu werden begann, gähnte die süße Maid, erhob sich, klopfte ihm mütterlich auf die Schulter und sagte:

»Heut is scho z'spät. Weißt was, kummst muring wieder. Gib mir no a Bussel und reib' mir a Krandl.«

Da wollte der Enttäuschte, verletzt in seinen männlichen Gefühlen, aufbegehren. Wozu er hergekommen sei und wieso man ihn dann so gewurzt hätte.

Aber da stand der »Bruader«, mit dem die »Schwester« die ganze Zeit vermittels optischer Telegraphie verbunden war, vor ihm, drohend, stechenden Blickes, und sagte nichts als: »Zuaspeis.«

Ehe der um sein vermeintliches Recht Betrogene überhaupt den Mund auftun konnte, war schon der Mann mit der goldbordierten Kappe da, nahm ihn unter dem Arm, führte den Widerstrebenden hinaus und meinte gutmütig:

»Geh ham zu deiner Muatter, Klaner, bevor dir der eine aufs Dach gibt. Nachher finderst ka Haustor mehr.« Und nun ganz dienstlich:

»Habe die Ehre, gute Nacht, gnä' Herr, dürft' i um a klein's Trinkgeld bitten?«

Der Hinausgeschmissene gab seinem Lebensretter ein Sechserl. Drinnen verrechnete die »Lehrerin« mit dem »Bruadern«.

Kaffeehaus-Gestalten

»Dieses Ehepaar, mit ihrem unglaublich verzogenen Sohn, konnte man nun von mittags bis spätnachts im Café des Westens unter all den wilden Kunstjüngern und Kunstfrauen antreffen. Die kleine Familie nährte sich, wie ich vermute, nur von Kaffee.«

Tilla Durieux über Herwarth Walden
und Else Lasker-Schüler

Peter Altenberg
So wurde ich

Ich saß im 34. Jahre meines gottlosen Lebens, Details kann eine Tageszeitung unmöglich bringen, ich saß im Café Central, Wien, Herrengasse, in einem Raume mit gepressten englischen Goldtapeten. Vor mir hatte ich das »Extrablatt« mit der Fotografie eines auf dem Wege zur Klavierstunde für immer entschwundenen fünfzehnjährigen Mädchens. Sie hieß Johanna W. Ich schrieb auf Quartpapier infolgedessen, tief erschüttert, meine Skizze »Lokale Chronik«. Da traten Arthur Schnitzler, Hugo von Hofmannsthal, Felix Salten, Richard Beer-Hofmann, Hermann Bahr ein. Arthur Schnitzler sagte zu mir: »Ich habe gar nicht gewusst, dass Sie dichten!? Sie schreiben da auf Quartpapier, vor sich ein Porträt, das ist verdächtig!«, und er nahm meine Skizze »Lokale Chronik« an sich. Richard Beer-Hofmann veranstaltete nächsten Sonntag ein »literarisches Souper« und las zum Dessert diese Skizze vor. Drei Tage später schrieb mir Hermann Bahr: »Habe bei Herrn

Richard Beer-Hofmann Ihre Skizze vorlesen gehört über ein verschwundenes fünfzehnjähriges Mädchen. Ersuche Sie daher dringend um Beiträge für meine neu gegründete Wochenschrift ›Die Zeit‹.« Später sandte Karl Kraus, auch der Fackel-Kraus genannt, weil er in die verderbte Welt die Fackel seines genial-lustigen Zornes schleudert, um sie zu verbrennen oder wenigstens »im Feuer zu läutern«, an meinen jetzigen Verleger S. Fischer, Berlin W., Bülowstraße 90, einen Pack meiner »Skizzen«, mit der Empfehlung, ich sei ein Original, ein Genie, einer, der anders sei, nebbich. S. Fischer druckte mich, und so wurde ich! Wenn man bedenkt, von welchen Zufälligkeiten das Lebensschicksal eines Menschen abhängt! Nicht?!

Hätte ich damals, im Café Central, gerade eine Rechnung geschrieben, über die seit Monaten nicht bezahlten Kaffees, so hätte Arthur Schnitzler sich nicht für mich erwärmt, Beer-Hofmann hätte keine literarische Soirée gegeben, Hermann Bahr hätte mir nicht geschrieben. Karl Kraus freilich hätte meinen Pack Skizzen unter allen Umständen an S. Fischer abgeschickt, denn er ist ein »Eigener«, ein »Unbeeinflussbarer«. Alle zusammen jedoch haben mich »gemacht«. Und was bin ich geworden?! Ein Schnorrer!

Berthold Viertel
Erinnerungen an Peter Altenberg

Als ich die vierte Klasse des Gymnasiums wegen ungenügender Erfolge in Mathematik und Physik wiederholen musste, begann mich die Schule bis zur Unerträglichkeit zu stören und zu langweilen. Auch zu Hause war eine Verschlimmerung eingetreten: ich hatte einen Klavierlehrer bekommen. Eine Krankenpflegerin, die meiner Mutter das Leben gerettet hatte, nahm die Dankbarkeit der Familie in Anspruch, indem sie ihren Bruder als einen bewährten pianistischen Pädagogen empfahl, und so sollte ich aus Dankbarkeit Klavierspielen lernen.

In dieser Zeit hatte ich selbst einem um fünf Jahre älteren Freund eine Wohltat zu danken, die mir fürs ganze Leben erwiesen war: er hatte mir das Buch »Ashantée« von Peter Altenberg gebracht. »Wie ich es sehe« holte ich mir schon selbst. »Was der Tag mir zuträgt« trug mir bereits der Tag zu, Skizze für Skizze, und ich durfte mir dieses Buch im Herzen zusammenbinden, bevor der Dichter es sammelte.

Wir gehen einer Zeit entgegen, deren Hände zu schwer und zu hart sein werden, um ein so zärtliches Instrument wie die Prosa Peter Altenbergs neu zu stimmen und zu spielen. Peter Altenberg hat mit seiner Lebenstendenz diese Zeit vorweggenommen. Er sah bereits alle Bibliotheken geschleift, und es war gut so … Es sollte keinen Dichter mehr geben! Und er selbst wollte kein Dichter mehr sein. Jeder Mensch sein eigener Dichter! Das war die Devise. Das war für Peter Altenberg die Mission.

Jedem Menschen das Geheimnis verraten, wie er sein eigener Dichter sein könnte, wie dem modernen Leben immer und überall Schönheit zu entlocken wäre, für den sofortigen Privatgebrauch. Welch ein Altruistenplan! Den Menschen das Überflüssige schenken, und gegen ihren Willen! Den Kultus des Augenblicks in moderne Herzen pflanzen, die keine Zeit haben, geschweige denn einen Augenblick!

Peter Altenberg verdankte dem Augenblick alles. Dankbarkeitsfieber und Schenkerwahnsinn waren die Genie-Erreger dieses gefährlich weiten Altenberg-Herzens, das, sollte es an seiner Verschwendungssucht nicht grenzenlos verarmen, schließlich nach dem Alkohol auch noch zum Geiz und zu Bettelei greifen musste. Die Mitmenschen aber nahmen von einem solchen seine Krösusgaben und gönnten ihm nicht seine Rekompensationen! – So die Erwachsenen. Die Heranwachsenden wuchsen an Peter Altenbergs antidichterischem Dichtertum in Freuden.

Eines Tages fand mein Klavierlehrer das Buch »Wie ich es sehe« auf dem Klavierdeckel. – Er blätterte und entdeckte die Fotografie des Dichters, jene, die ihn im Havelock und mit eingedrücktem Filzhut zeigt, weltenbleich hinter dem dunkelrandigen Augenglas und dem Seehundsschnurrbart; Peter Altenberg, den »Fliegenden Holländer« der modernen Seele. »Peter!!!«, jubelte mein Klavierlehrer auf und erstarrte. – Er schien, nach einem hektischen Freudenrot, vor Schreck erblasst zu sein, weil er sich verraten hatte. Erst nach flehentlichem Rütteln gelang es mir, das Geheimnis herauszuholen. Es war kein ungefährliches Geheimnis, und nur nach Schwüren wurde es mitgeteilt. Es kam also zutage, dass mein Klavierlehrer im Nebenberuf Klavierspieler in einem Freudenhaus in der Blutgasse war. »Peter« war für ihn wohlvertrauter Gefährte täglich-nächtlichen Umgangs, aus jener anderen Welt, welche mit dieser – der Welt des Klavierunterrichts – keine Verbindung haben durfte. Während mein Klavierlehrer also dort die damals neuesten Tänze trommelte, hatte Peter sich die Aufgabe gewählt, ihre Schritte und Rhythmen mit liebevollster Geduld den Mädchen einzustudieren. – Die Welt hielt damals beim Cakewalk. Es war eine idyllischere Welt. –

Mein Klavierlehrer konnte es nicht fassen, dass es von »Peter« regelrecht gedruckte Bücher gab, die auf bürgerlichen Klavieren herumlagen. Ich aber traute »Peter« in stolzer Liebe die Tänze der ganzen Blutgasse in Bausch und Bogen zu.

Von nun an wurde die Klavierstunde lebenswichtig. Mein Klavierlehrer klimperte ab und zu mit der linken Hand, um dem Elternhaus die akustische Illusion einer vorwärtsschreitenden Musikalität zu erhalten. Dabei musste er die Stunden über ihr Maß hinausdehnen, um meine unermüdlichen Fragen zu beantworten. Ich wurde nicht satt der immer wiederholten Schilderung, wie »Peter« auf dem roten Plüschsofa saß und mit seiner dunklen Stimme Niggersongs näselte, dazu mit seinen radikalrhythmischen Armen und Beinen, mit dem ganzen leidenschaft-beweglichen Körper den Takt exekutierend! Und die Mädchen tanzten. Sie, die er, als sich in Freiheit Wegwerfende, sich zum Vorbild nahm; sie, die rosigen und blassen Griechinnen seines elektrischen Hellenentums, die Dulderinnen einer unchristlich-christlichen Welt; sie, die zwar Erniedrigten, die er ebenbürtig machte dadurch, dass sie ihn auslachen und misshandeln durften; und zu denen er sich emporhob, indem er ihre Liebesbriefe schrieb und sie beriet in der Schwierigkeit ihrer allzu leichten Herzen. Er, der Entdecker der Frauenseele, er, der Troubadour des Frauenleibes.

Eines Tages, als wir von der Schule nach Hause gingen, sagte mein Schulkollege B. in aller Ruhe zu mir: »Ich habe einen Brief von P. A. bekommen.« – »Wie, einen Brief? Du? Von P. A.« – »Er hat mir einen Brief geschrieben.« – »Dir?« – Mein Kollege B. antwortete mit größter Ruhe. Er duckte den Nacken ein wenig und ließ meine Erregung über sich wegrennen. Seine ohnedies verborgen liegenden grauen Augen enthielten sich jeden Ausdrucks.

Es handelte sich um einen Akt des knabenhaften Heroismus. B., ein schwerfälliger und verschlossener Jüngling und selbst ein Dichter mit zierlicher Handschrift (er ge-

wann unsere Achtung, als er sich in Marie Grubbe ver-
liebte), hatte sich heimlich an Herrn Peter Altenberg, Café
Central, gewendet, mit der Bitte, mich zu empfangen, weil
ich erstens meines Verständnisses für die Welt Peter Altenbergs halber es verdiente, und weil zweitens Peter Altenberg sich revanchieren sollte durch einen Blick in meine
Welt, in meine Manuskripte sogar. Es ist viel gefordert –
schrieb B. an Peter Altenberg –, aber Sie sind es, der viel
erfüllt. – Und Peter Altenberg antwortete sofort, dass er
zwar niemals Briefe beantworte, dass er diesen Brief aber
sofort beantworte, weil er um eines anderen willen geschrieben sei. Der andere möge gegen sechs Uhr abends
ins Café Central kommen, Arkadenhof, und sich an den
Kellner Jean wenden. Da wir damals ohnehin im Sinne
Peter Altenbergs lebten, war alles selbstverständlich: der
Edelmut B.s, welcher Peter Altenberg natürlich mitten ins
Herz treffen musste, und wie uns dieses Herz zurücktraf.
Aber immerhin war es ein gewaltiger Schlag. Es folgte noch
ein kurzer olympischer Waffengang der Großmut zwischen
zwei Freunden. Ich bestand darauf, dass B. mitgehen müs-
se. B. bestand darauf, zu Hause zu bleiben. Und er blieb zu
Hause. Wir taten damals alles ganz.

Am selben Tage, Punkt sechs Uhr abends, betrat ich
das Café Central, das, ein Haus des Lebens, in warmem
Lichte und in gutem Dunste lag und viele bemerkenswer-
te raucherfüllte Räume hatte: den großen Saal, in dessen
Hintergrund die Billardkugeln sauber klapperten, wenn
sie aufeinanderstießen; und die ruhigeren Seitentäler, will
sagen Seitenzimmer; und das besonders rauchige, durch

seine dunklen Gruppen von Kampf-Genießern und Spiel-Prüfern beängstigende Schachzimmer; und die grün abgedämpften Karten-Spielzimmer; und den Arkadenhof, einen offenen, hohen Hof zwischen Häusern, mit dem monumentalen Brunnen und der Marmortreppe mit vielen Bogen und Nischen. Dieser Hof, dieser Wiener Schacht, war der Ort des raffiniertesten Geisteslebens, das zwischen vollkommen untätigen Skeptikern überhaupt möglich ist. Hier verkehren hieß einem, allerdings friedlichen, Orden angehören, der gelobt zu haben schien, die Wirklichkeit nur aus Berichten und nur als die Spiegelung der kleinen Züge eines Nebenmenschen, der auch nichts tat als spiegeln, zu gewinnen.

Dort lebte Peter Altenberg. Dort kamen und gingen seine Lebensfreunde, die zugleich seine Todfeinde waren, und seine Frauen. Dort saß er und kämmte liebevoll den Seehundsbart oder polierte mit einem Bürstchen die Glatze, während seine riesenstarken Augen wetterleuchteten. Mitten im rauchigen Caféhaus, dem dumpfesten Orte der Welt, ereigneten sich in diesen Augen ungeheure Sonnenaufgänge im Gebirge, oder strahlendes Meer. Dieser Neurastheniker im englischen Anzug, grell kariert, eine Art von höchstverfeinertem Clown, hatte die Gabe, Natur auszuströmen. Er war der übernatürlich-natürlichste Mensch. Wenn er tief bekümmert dasaß, zusammengekauert, war er ein kranker Vogel mit aufgeplustertem Gefieder, und mangels der Flügel wirkten die Schmerzensdrehungen seines Leibes wie Rudimente von krampfhaften Flügelschlägen. Sein Lachen war das der Lachtaube, es gab kein ähnlich gutturales Glück, das sich freilich zu gewaltigen Trillern des Zornes steigern konnte, seines gewaltigen Zornes, den er manchmal plötzlich wieder in ein erlösendes Gelächter umschlagen ließ. Seine Glatze konnte bleich sein, wie eine dahinsiechende Kellerpflanze; und sie konnte, blank poliert, einen fröhlichen Tag ansagen. Der knappe Kopf, die guten Hände, der ganze bewegliche Mann schien ungeheuer viel Blick in sich aufgespeichert zu haben; er war eine harte, gedrungene Verdichtung von Licht und Wärme, von Lebenselektrizität in einer angedunkelten Schale. Wie bei Tieren, welche ja die besten Kostüme auf dieser Welt tragen, schienen seine Kleider, so lose und weit sie saßen, mit ihm verwachsen zu sein, und nichts natürlicher als sein persönlicher Stich von Extravaganz; er hatte, alles in allem, eine eigene Naturfärbung, wie angebräunte Kastanien. Er war wild wie ein Tier und liebenswürdig wie ein Tier, und er war sinnlich wie veredelte Tiere. Seine Sinnlichkeit kannte keine Konventionen, sie scheute das Licht nicht, sie ging ins Extreme und verlor nie ihre seelisch-geistige Fluoreszenz. Sein Körper war durchaus Rhythmus, federnder Takt. Ein Grieche mit epileptischen Anwandlungen von Christentum – und das war der Humor davon. Der Peter-Altenberg-Humor, der hinterhältig in seinem Auge herumspazierte und je länger je öfter in trübsten Schwermutstümpeln ersoff. Wenn er in seinen hellen Augenblicken etwas ansah, mit der Pupille seiner zweiten Unschuld, dann war es schön, erwählt von einer märchenhaften Untreue, die in der nächsten Stunde das vergötterte Ding zum Gegenstand der radikalen Anklage machte. Sein Geiz und sein

Zynismus, sein Schelten und Schwärmen, das alles war so sinnlich richtig, so überzeugend plastisch, dass es den unwiderstehlichen Appetit auf ein stärkeres Leben hervorrief. So wie es Winter und Sommer gibt, gab es den ganz unausgeschlafenen und den ganz ausgeschlafenen Peter Altenberg, und nie ist ein Mensch wacher gewesen als dieser. Er war nur da, um zu atmen, zu schauen und der Mittelpunkt seiner Erregungen zu sein. Er war ohne Zweck, er war der Augenblick an sich; er war die Konzentration auf sich selbst und sein Dasein, einmal für immer! Er lebte absolut nur, um absolut er selbst zu sein. Und das beglückte, das befreite, das gab den andern Kräfte. Wenn Peter Altenberg Zeit hatte, und er hatte immer Zeit, dann war es die größte und die höchste Zeit. –

Ich brauchte nicht lange herumzusuchen. Ich sah ihn sofort. Mein Glück waren die zehn Minuten, bevor der Kellner Jean sich bei mir einfand. Diese zehn Minuten lang durfte ich den allerlebendigsten Peter Altenberg betrachten und ergründen und begrüßen. Ich sah den vollendeten Schauspieler seiner selbst, das unverkümmerte Ich auf seiner unvergesslichen Lebensbühne. – Dann kam der Kellner Jean.

Als Peter Altenberg an den Tisch trat, mir die Hand gab, sich zu mir setzte, wusste ich kaum mehr etwas von mir selbst. Ich wusste nur einen unendlichen Satz, den ich in einer heftig bewegten Bewusstlosigkeit als eine Art Spirale sich selbst bilden fühlte, und der auf Seite soundsoviel von »Wie ich es sehe« endete, dort, wo das kleine Mädchen, das in den Bleikammern eines Pensionats schmachtete, von ihrem Vater besucht wird und zu ihm sagt: »Papa, raucht die Lampe im Speisezimmer noch – – –!«, und mit dieser Frage wohl nicht dem Vater, aber Peter Altenberg ihr ganzes Heimweh verriet. Wann war je vorher – so endete meine Tirade – Heimweh so überzeugend, so ansteckend geschildert worden?

Ein kurzer Satz eines Kindes hatte Peter Altenberg alles gesagt. Mein Satz war ungeheuer lang, aber Peter Altenberg wurde absolut nicht ungeduldig. Er sah mich großmütig an. Und mit der ruhigsten Genugtuung sagte er schließlich: »Ja, ich bin ein Genie. Ich habe es immer gewusst. Aber die Väter! Der Vater zum Beispiel von Ilonka –« Und nun erzählte er wetterleuchtend von Ilonka. Einer vierzehnjährigen Seelenfreundin, deren Vater dem Dichter eben aus erzieherischen Gründen das Haus verboten hatte. Dann kamen meine beiden Manuskripte auf ihn zu, und dann kam seine Hand, die sie genommen und weggelegt hatte, zurück und wurde mir gereicht. »Bis morgen.« Peter Altenberg sagte zu meinen fünfzehn Jahren: »Guten Tag, Viertel.« Er stand sogar noch einen Augenblick da und teilte mit dem Daumen seinen Schnurrbart zwischen rechts und links.

Als er gegangen war, wagte ich nicht, länger sitzen zu bleiben, obwohl wir uns in einem Caféhaus befanden. Ich hatte kein Recht mehr auf einen verlängerten Aufenthalt. Aber ich kam am nächsten Tag wieder. Und ich durfte Tag für Tag wiederkommen, weil Peter Altenberg die Manuskripte noch nicht gelesen hatte. Wie bedauerte ich es, dass er die Verpflichtung fühlte, an meinen Tisch zu kommen und mich auf den nächsten Tag zu verschieben. Wie beklagte ich die großmütige Handlungsweise B.s, welche es mir unmöglich gemacht hatte, dazusitzen und unbekannt zu sein und Peter Altenberg von weitem mitzuerleben. Immer deutlicher wurde mir bewusst, dass es eine Ungeheuerlichkeit ist, einen Dichter, ein Genie privat zu kennen. Endlich, nach einer Woche, kam ich dem Stand der Unschuld wieder näher, denn Peter Altenberg war am Ende unserer Abmachung angelangt. Er erschien an meinem Tisch und hatte mein Manuskript gelesen. Nein, nur eines der beiden Manuskripte hatte er gelesen. »Welches von beiden?«, fragte ich leider doch. Pause. »Das kürzere!«, antwortete Peter Altenberg mit großer Bestimmtheit. »Was kommt drin vor?«, versuchte er von mir zu erfahren. Wie froh war ich, dass alles so unbestimmt zu bleiben schien! »Es eine Phantasie«, sagte ich entschuldigend. Aber er ließ sich nicht ablenken. »Das gibt es nicht!«, entschied er unversöhnlich. Und mit der Härte eines Robespierre setzte er fort: »Man schreibt keine Phantasien mehr! Man hat heute keine Phantasie, Phantasie ist bei Dichtern eine Arroganz! Goethe, wenn er heute lebte, hätte auch keine Phantasie! Zuerst erleben Sie etwas: ich habe bis zum achtunddreißigsten Jahr nur gelebt! Dann erst habe ich geschrieben! Kennen Sie die Königswiese in der Vorderbrühl? Das ist ein Thema! Ich habe mich noch nicht herangewagt. Vielleicht wird ein Jüngerer die Königswiese schreiben! So.« Er hatte das Seinige getan. Er stand auf –: ich war glücklich. Die private Bekanntschaft mit Peter Altenberg war zu Ende. Am nächsten Tag erschien ich bereits im Café Central, liebte ihn, sah ihn und grüßte ihn nicht.

Sechs Jahre später hörte ich, dass Peter Altenberg sich sehr ungünstig über mich äußerte. Er sprach meinen Namen nie aus, ohne ihn mit wunderbarer Schnelligkeit zu vervielfältigen. »Viertel, Achtel, Sechzehntel, Zweiunddreißigstel, Vierundsechzigstel, Einhundertachtundzwanzigstel und so weiter.«

Zehn Jahre nach unserem ersten Gespräch sagte Peter Altenberg zu einem gemeinsamen Bekannten: »Was bildet sich dieser Viertel ein!? Seit zehn Jahren grüßt er mich nicht!! Was habe ich ihm denn getan!?« – Da erwachte ich aus einem Traume. Es war in meinem fünfundzwanzigsten Jahr. Ich ging zu Herrn Peter Altenberg und entschuldigte mich. Nur aus Verehrung hätte ich ihn nicht gegrüßt. Da leuchtete es auf in seinen Augen, und er horchte wie ein Jagdhund. »Ist das wirklich wahr??« Und dann, ohne meine Antwort abzuwarten, streckte er mir versöhnt die Hand entgegen: »Auf Wiedersehen, Herr Viertel!« – »Achtel, Sechzehntel, Zweiunddreißigstel, Vierundsechzigstel, Einhundertachtundzwanzigstel und so weiter«, ergänzte ich.

Lina Loos
Unsre Mutter

Mutter war eine begeisterte Kaffeesiederin; sie liebte ihren Beruf und war schwer von Wien fortzulocken.

Aber einmal machte ich eine kleine Sommerreise mit ihr; wir kamen nachts in Salzburg an. Morgens um zehn Uhr weckte sie mich und sagte: »Du liegst noch im Bett, und ich bin schon in vier Kaffeehäusern gewesen; hier kann ich übrigens nichts lernen; fahren wir fort!«

Wir fuhren nach Karlsbad; das Café P. dort imponierte ihr außerordentlich; sie war Aug und Ohr. War so vertieft, dass sie, als zwei Billardspieler ihre Partie beendet hatten, zum großen Erstaunen der noblen Kurgäste laut durch das Lokal rief: »Abmarkieren!«

Ich machte ihr daraufhin den Vorschlag, nach Hause zu fahren. Niemand war erfreuter als sie.

Mutter lebte ganz in der Führung der Kaffeehausgeschäfte. Wenn irgendetwas nicht in Ordnung war, regte sie sich fürchterlich auf. Wir besorgten, dass ihr die Aufregung schade; infolgedessen beschloss meine ältere Schwester, mit Mutter zu einem Seelenarzt zu gehen. Das war damals gerade Mode und meine Schwester daher begeistert davon. Mutter wurde in einen Sessel gesetzt, meine Schwester stand hinter ihr.

Der Arzt sprach beruhigend und eindringlich auf Mutter ein: »Ja, liebe Frau, Sie nehmen die Dinge zu ernst; mein Gott, wenn jemand etwas im Kaffeehaus nicht bekommt, das ist doch keine solche Sache, Sie müssen alles leichter nehmen …« usw. Mutters große blaue Augen wurden immer größer und größer. Als er aber leicht humoristisch sagte: »Nun, was liegt schon daran, wenn ein Gast nicht sein gewohntes Kipfel zum Kaffee bekommt?«, sprang sie mit einem Satz in die Höhe.

»Sie, ich werde Ihnen etwas sagen: Ich soll mich nicht aufregen, wenn ein Gast sein Kipfel nicht bekommt; ja, über was soll ich mich denn dann aufregen? Ich verstehe mein Geschäft. Gott sei Dank! Und wenn Sie glauben, dass Sie Ihr Geschäft mit solchen Ansichten führen können, dann können Sie mir leidtun! Adieu!«

Und draußen war sie.

Als meine Schwester eine halbe Stunde später ins Kaffeehaus kam, saß Mutter bereits stolz an der Kassa. Sie lächelte der Schwester spitzbübisch zu und sagte leise:

»Er ist sehr erschrocken; hat er sich schon beruhigt, der Seelendoktor?«

Mutters Einstellung zur Politik war auch eine sehr merkwürdige.

Bei einem so großen Kaffeehauspersonal gab es oft begreifliche Differenzen wegen Urlaubes, Kündigungen und so weiter. Solche Dinge erledigte sie einfach damit, dass sie ihren Angestellten drohte, zu Viktor Adler zu gehen. Dass er der Führer der Sozialdemokraten war, genierte sie gar nicht. Für sie war Viktor Adler der Inbegriff von Gerechtigkeit und Weisheit, und sie zweifelte gar nicht, dass er sich ihrer annehmen würde, wenn sie sich im Recht fühlte. Sie hatte aber nie nötig hinzugehen, die Drohung genügte immer, die Gegenpartei teilte anscheinend ihre Ansicht.

Mutter war gegen den Krieg. Details interessierten sie nicht. Kleine Verwechslungen von Freund und Feind kamen täglich vor. Im Frieden war sie jedes Mal, wenn der Kaiser über die Mariahilfer Straße fuhr, hinausgegangen, hatte sich vor das Kaffeehaus gestellt und den Kaiser gegrüßt. Er kannte sie schon und dankte ihr höflichst.

Aber seit Ausbruch des Krieges ging sie nicht mehr hinaus, ich weiß nicht, ob es dem Kaiser aufgefallen ist, es war jedenfalls ihre Art, gegen den Krieg zu demonstrieren.

Géza von Cziffra
Erinnerungen an Joseph Roth

Kennengelernt habe ich Roth in Berlin in dem legendären Romanischen Café Ende des Jahres 1924; es kann aber auch – dies nur für Genauigkeitsfanatiker – Anfang 1925 gewesen sein.

Unsere erste Begegnung war eine Groteske, sein Tod eine Tragödie. Zwischen dem ersten Händedruck und dem kurzen Nekrolog, den ich in einer Budapester Zeitung in ungarischer Sprache – in seiner Sprache, die er so meisterhaft beherrschte, hat man über ihn nicht schreiben dürfen – abfasste, lagen nur vierzehn Jahre. Als ich zum ersten Mal ihm gegenüberstand, wusste ich nichts von ihm; ich wusste nicht, wer er war, und bei seinem Tode ahnte ich es nur. Auch die Nachwelt brauchte Jahrzehnte, um seine wirkliche Größe zu erkennen – und gleichzeitig zu verkennen.

Um die Komik unserer ersten Begegnung überhaupt für möglich zu halten, muss man die allerdings schon sehr oft beschriebene Atmosphäre des Romanischen Cafés kennen. Das »Romanische« war das Caféhaus der unbegrenzten Möglichkeiten, der Treffpunkt unzähliger Menschen gegensätzlicher oder auch gleichgesinnter Lebensauffassung. Um hier ein Außenseiter zu sein, musste man schon sehr aus dem Rahmen fallen; und Joseph Roth war ein Außenseiter.

Das Café erhielt den Namen von einem im pseudoromanischen Stil erbauten Eckhaus, in dem es sich befand. Die eine Seite des Cafés, mit der großen Terrasse, lag zur Tauentzienstraße, die andere, weitaus kleinere, zur Budapester Straße. Wenn man durch die Drehtür, die unentwegt in Bewegung blieb, das Café betrat, stand man vor der Entscheidung: links oder rechts. Dies war kein politisches Problem; im »Romanischen« war man immer links, in welche Richtung man auch ging. Hier saßen keine Vertreter der Rechten, dafür aber die verschiedensten Schattierungen der Liberalen, Sozialisten, Kommunisten und Anarchisten.

Vor der Drehtür links, im kleineren Raum, standen die Stammtische der mehr oder weniger arrivierten Schriftsteller, Maler, Journalisten und Schauspieler. Man nannte diese linke Seite »Schwimmbassin« oder »Schwimmerabteilung«, da die Gäste, die Tag für Tag hier saßen, wenn sie schon nicht in gesicherten Positionen waren, sich zumindest finanziell immer über Wasser halten konnten. Einige waren schon damals prominent, die Mehrzahl auf dem Wege zur Berühmtheit; und manche sind es erst Jahre oder auch Jahrzehnte später geworden.

Ich würde Seiten dazu brauchen, um alle Namen aufzuzählen, die dort verkehrten, angefangen von dem Komponisten Paul Abraham über Bert Brecht bis zu Carl Zuckmayer. Nur: Abraham hatte noch keine einzige Operette in Berlin lancieren können, Brecht hatte die »Dreigroschenoper« noch nicht geschrieben und Zuckmayer nicht den »Fröhlichen Weinberg«, vom »Hauptmann von Köpenick« gar nicht zu reden. Für mich waren sie, und noch viele andere, nichts weiter als nette oder weniger nette Menschen, flüchtige Bekannte oder gute Freunde, die Glorie der Berühmtheit überstrahlte ihre Namen erst viel, viel später. Vorläufig waren sie nichts weiter als Tischgenossen, Kumpel in der Nacht. Ich sah sie aus unmittelbarer Nähe als Menschen mit kleinen und großen Fehlern, sympathischen oder unausstehlichen Eigenschaften. Meistens kannte ich ihre Intimsphäre, ihre Geldnöte, ihren Kampf ums Dasein oder um den Erfolg. Meine Erinnerung sieht sie aus einem ganz privaten Blickwinkel; auch Joseph Roth, der eine Weile, wenn auch mit größeren Unterbrechungen, zu den Stammgästen des »Schwimmbassins« gehörte.

Zuerst saß er allerdings rechts von der Drehtür, in der sogenannten »Nichtschwimmer«-Abteilung. Auch diejenigen, die hier die Tische stundenlang besetzt hielten, waren Stammgäste. Sie hatten jedoch keine Stammtische, sie saßen immer wieder woanders, möglichst weit von dem Rayon des Kellners entfernt, dem sie am Tag zuvor die Zeche schuldig geblieben waren.

In einer Hinsicht war die Schwimmer-Abteilung unbequem; die Toiletten befanden sich am anderen Ende des

Lokals, man musste das ganze Nichtschwimmer-Bassin durchqueren, um dorthin zu gelangen. Ein langer und gefährlicher Weg für jeden Schwimmer, die allesamt in dem Ruf standen, wenigstens einigermaßen bei Kasse zu sein; sie wurden auf dem meist dringenden Weg fast immer angepumpt.

So erging es eines Tages auch mir, als mich ein kränklich aussehender Mensch vor der Toilettentür anhielt:

»Sie sind doch der Géza von Cziffra, der in der ›Welt am Abend‹ schreibt?«

»Gelegentlich«, sagte ich.

»Geben Sie mir fünfzig Pfennig!«, forderte mich der Unbekannte sehr energisch auf und hielt die Hand hin.

Ich erkundigte mich:

»Wollen Sie einen Kaffee trinken?«

»Im Gegenteil! Machen Sie schnell, sonst mach ich in die Hosen. Ich schulde dem Kerl da drin so viel, dass er mich nicht mehr auf die Brille lässt.«

Ich gab ihm eine Mark, und der Mann verschwand im Klo.

Ich wandte mich an Richard, den buckligen und fuchsroten Zeitungskoordinator, der in der Nähe stand, und erkundigte mich bei ihm, wer der Mann sei.

»Er heißt so, wie ich aussehe«, sagte er und deutete auf seine Haare. »Roth, Joseph Roth.«

»Ein Schnorrer?« Richard protestierte.

»Aber nein! Er ist Journalist und hat auch schon ein Buch geschrieben. Wenn er Geld hat, schmeißt er es mit beiden Händen heraus, und dann ist er tagelang pleite.«

»So pleite, dass er keine fünfzig Pfennig hat?«

»Der alte Kalle ist sauer auf ihn«, erklärte mir Richard. »Roth hat schon ein paarmal seinen Laden vollgekotzt. Er säuft nämlich wie ein Loch.«

Das waren die Auskünfte, die ich über die Persönlichkeit Joseph Roth erhalten habe.

Einige Tage später, am frühen Nachmittag, als das »Romanische« noch leer war, erschien Roth im Schwimmer-Bassin, legte eine Mark und ein Buch auf den Tisch und setzte sich. Das Buch hieß »Hotel Savoy«, es war Roths erster Roman, erschienen in dem jungen Verlag »Die Schmiede«.

»Sie kennen Gott und die Welt«, sagte er zu mir, »und ich kenne hier keinen Menschen. Die Kerle boykottieren mich, Sie können sicher einige Ihrer Freunde überreden, eine Besprechung über mein Buch zu schreiben.«

»Das sollte doch Ihr Verleger tun«, meinte ich.

»Der Salter hat viele Feinde, und die sind jetzt auch meine Feinde.«

Ich versprach, eigentlich ohne viel Hoffnung, mein Möglichstes zu versuchen. Roth klopfte mir freundschaftlich auf die Schulter und begann, mich über mich auszufragen. Viel war da nicht zu erzählen, aber als ich ihm berichtete, dass ich eine Kadettenanstalt absolviert hatte und als Fähnrich entlassen worden war, leuchteten seine Augen auf.

»Ich habe es bis zum Leutnant gebracht und zur großen Silbermedaille! Waren Sie auch im Krieg, Fähnrich?«

Die Frage musste ich verneinen. Ich war nur sechs Tage lang Fähnrich, dann brach in Ungarn die Oktoberrevolution aus, Matrosen überfielen mich auf der Straße und rissen meine goldenen Streifen herunter.

»Das waren schlimme Zeiten«, seufzte Roth, dann dachte er eine Weile nach und fragte: »Oder waren es gute Zeiten? Wer weiß?«

Nun betraten Egon Erwin Kisch, »der rasende Reporter«, und der B.Z.-Redakteur Dr. Georg Fröschel das Lokal. Als sie an unserem Tisch vorbeigingen, schüttelte Kisch Roths Hand.

»Servus, Joseph!«

Auch Dr. Fröschel begrüßte ihn freundlich.

Im Lauf der nächsten Viertelstunde erschienen nacheinander die Stammgäste, und jeder, aber wirklich jeder bedachte Roth mit einem Gruß.

Zum ersten Mal tauchte in mir der Verdacht auf, dass mein neuer Freund ein Lügner sei. Ich hielt ihm vor: »Und Sie haben mir erzählt, Sie kennen keinen Menschen hier!«

»Sind das Menschen?«, fragte Roth und beantwortete gleich die Frage: »Das sind neidische, bösartige Kollegen.«

Ganz so unrecht hatte er nicht. Das habe ich festgestellt, als ich etwa eine halbe Stunde später, als Roth weggegangen war, es tatsächlich versucht habe, die anwesenden Kollegen zu überreden, über »Hotel Savoy« eine Besprechung zu bringen. Jeder hatte etwas gegen ihn. Man warf ihm vor, dass er zu viel trank, dass er Jude war, dass er konvertiert sei und kein Jude war. Nur in einem Punkt waren alle einig: schreiben konnte er. Und das nahmen ihm wahrscheinlich die Kollegen am meisten übel.

Joseph Roth
Richard ohne Königreich

Richard der Rote sieht aus wie ein vertriebener König. Ihm fehlt nur noch ein Shakespeare, damit seine Tragik sichtbare künstlerische Gültigkeit erlange. So wandelt er umher, ein Dramenstoff ohne Dramatiker. In fremden Cafés sitzt er und lässt sich – o Jammer! – Zeitungen reichen. Richard, dereinst unbeschränkter Beherrscher des gesamten in- und ausländischen Lesestoffs, lässt sich von anderen Zeitungskellnern Blätter geben. Er, der sozusagen das *jus primae noctis*, das Entjungferungsrecht über die frischesten Nummern hatte, empfängt Zeitungen aus zweiter Hand! …

Was?! Die Welt weiß am Ende gar nicht mehr, wer Richard ist? Richard, der Zeitungskellner aus dem »Café des Westens«? Richard, der seinen Buckel trug, als körperliches Abzeichen geistiger Würde; den Buckel als das Signalement der Weisheit und Romantik. Sein körperliches Missratensein glich Rangunterschiede aus und stellte den

Zeitungsträger mindestens in die Reihe der gradegewachsenen Zeitungsschreiber. Im Romanischen Café, der neuen Wahlheimat der Berliner Bohème, bedient ein schlank zu nennender Zeitungskellner. Er hat alle Blätter, das Wiener Journal, das Prager Tagblatt und sogar die La Platazeitung. Aber mir fehlt sein Buckel! Mein Blick rutscht auf seinem langweilig abschüssigen Rücken herunter und hat keinen Halt. Seine Blätter sind irgendwo unvollständig. Seine Existenz als Literatur-Träger ist nicht in allen Punkten gerechtfertigt.

Da war der rote Richard ein anderer! Er war rothaarig. Er war eigens erfunden vom literarischen Beirat des lieben Gottes und vom Pressechef des Himmels zum Zeitungskellner ausersehen. Er sah Generationen von Literaten kommen und gehen. Sie verschwanden in Gefängnissen und Ministerstühlen. Sie wurden Revolutionäre und Attachés. Und sie blieben ihm alle Geld schuldig. Er wusste den Weg, den sie machen würden, kannte den Stil, den sie schrieben. Wusste, wo sie nachgedruckt worden waren, und erzählte es ihnen. Er reichte ihnen die Zeitung mit der Nachricht, gewissermaßen die Botschaft mit der Schale. Und wenn sie unbekannt waren – er förderte sie. Im Glasschrank des »Cafés des Westens« hingen, wie Präparate in einer Versuchsanstalt, die Erzeugnisse unbekannter Lebender: ein Porträt, ein Plakat, das zum Besuch eines literarischen Abends aufforderte, eine neue Zeitschrift, die Richard den Gästen anbot. Richard war ein *Mäzen*.

Am Nachmittag, wenn es still war, schrieb Richard an seinen Memoiren. Diese Memoiren sind nie fertig geworden.

Es scheint, dass Richard, der stets einen guten Geschmack bewiesen hat, es endgültig für unnütz hält, Memoiren zu schreiben, nachdem so viele Unbefugte sich darin versucht haben: ihn dürstet es nicht nach dem Ruhm, mit Ludendorff und Wilhelm genannt zu werden.

Allerdings: Mit allen Memoirenschreibern der Nachkriegszeit hatte Richard doch etwas gemein: auch er *kam nie in den Krieg*, in den Schützengraben. Man musterte erst die Schwindsüchtigen aus – die Buckligen waren noch nicht dran. Wenn man aber Richard mit erkünstelter Verwunderung fragte, weshalb er noch nicht eingezogen wäre, neigte er sich über den Tisch des Fragers und flüsterte ihm ein *Geheimnis* ins Ohr: »Wissen Sie – sagen Sie's nicht weiter –, ich habe nämlich *Plattfüße* …«

Ich entsinne mich jener schmerzlichen Nacht, in der das alte Café des Westens für immer geschlossen wurde und Richard unsere Unterschriften sammelte. Dieses Einfangen der Unsterblichkeit in ein Stammbuch war seine letzte Handlung im Dienste der Literatur. Dann verschwand Richard, und es dauerte eine Weile, ehe er im Romanischen Café auftauchte. Wer weiß, wie viel Schmerz er da empfunden hat, als er in seine Heimat kam als Gast und Fremdling! Zeitungen fordernd, statt sie zu vergeben?! …

Eine Zeit lang hieß es, Richard würde ein *neues Café des Westens* eröffnen. Nichts wäre natürlicher gewesen. Seine körperliche Eigenheit, seine Tradition, seine Gesinnung befähigten ihn zu einem Gastgeber der modernen Literatur. Aber nichts dergleichen geschah. Richard eröffnete kein Café. Er war nach einem halben Jahr vergessen. Nicht nur, weil man ihm Geld schuldete. Er war aus historischen Gründen vergessen, wie ein Schriftsteller, der sich überlebt. In einem Film, der das Milieu des Berliner Westens behandelte, war Richard einmal eine Rolle zugewiesen worden. Der Film rollt jetzt weiß Gott in welcher Provinz. – *Zweimal* hing Richards Porträt, von berühmten Künstlern gemalt – einmal vom Maler König – in der *Sezession*. Die Kunst gab ihm, was dem Mäzen gebührt. Heute hängen die Porträts in irgendwelchen kalten Salons, in denen man keine Ahnung von Richards Persönlichkeit hat ... Und schon ist eine neue Literatengeneration im Heranwachsen, an deren Wiege nicht mehr der rote Richard steht. Sie werden ihn nicht kennen, den roten Richard.

Eines Tages zeigte er mir eine *Schachtel mit Schmetterlingen*. Es waren wunderbare Schmetterlinge, Falter, samtene, bunte, rote und schwarzrote und gelbe. Irgendjemand hatte ein Verfahren erfunden, durch das toter Schmetterlinge feiner Schmelz ewiglich erhalten bleiben konnte. Richard verkaufte solche Schmetterlinge, gewissermaßen balsamierte Schmetterlinge, als *Broschen*. Es gibt Frauen, die Insektarten auf der Brust tragen, dachte ich. Richard ist gesichert.

Ein paar Monate später sah ich bei Richard eine Karte von *Leopold Wölfling*, dem bekannten Erzherzog aus dem Hause Habsburg. »Lieber Richard«, fing die Karte an. Die Ähnlichkeit ihrer historischen Schicksale hatte sie zusammengebracht. Richard der Rote, der Exkönig, und Leopold Wölfling, der Exprinz, waren *Freunde*. Leopold Wölfling sollte in Wien eine *Schmetterlingsexpositur* eröffnen. Aber die Damen machten sich nichts aus Schmetterlingen. Man trägt Broschen an heiklen und gefährdeten Stellen – und *so* gesichert war der Schmelz der Falterflügel doch nicht, dass er der energischen Offensive eines Mannes standgehalten hätte! Ja, wenn Richard einen originellen Blusen*ausschnitt* erfunden hätte! – Er wäre gerettet. Er aber hatte einen *Verschluss* in Mode bringen wollen. Die Zeit ist nicht mehr für Verschlüsse.

Das Geschäft ging nicht und Richard geht es nicht gut. Sein Schicksal, das ihn, scheint es, trotz allem immer wieder auf den Weg der Aktualität stößt, hat ihn, just ihn, den *Rathenaumord* entdecken lassen. Richard kam gerade die Königsallee entlang, *zehn Minuten nach dem Attentat.* Er wusste, was man in solchen Fällen tut. Richard telefonierte an die Zeitungen. Wenn er nicht gewesen wäre, die Extrablätter hätten eine Stunde länger auf sich warten lassen.

Noch einmal ist Richard nicht in Verbindung mit der Geschichte getreten. Er sitzt jeden Abend in einem kleinen Café am Kurfürstendamm und liest Zeitungen; Zeitungen aus zweiter Hand. Er soll ein paar Papiere an der Börse haben, heißt es. Vielleicht lebt er davon. Seine Seele lustwandelt in den Gefilden der Vergangenheit. Die Wehmut, die mich bei seinem Anblick erfüllt, gleicht jener, mit der ich eine alte Zeitungsnummer betrachte oder ein altes Feuilleton von mir selbst.

So teuer ist mir Richard …

Neue Berliner Zeitung –
12-Uhr-Blatt, 9. Januar 1923

Kaffeehaus-Literatur

»Die Kampfgespräche über Literatur begannen sofort. Sie dauerten jeden Tag bis fünf Uhr früh. Und da wir spätestens bis vier Uhr nachmittags wieder im Café sein mussten und, wie ich mich mit Bestimmtheit erinnere, doch auch irgendwann geschlafen haben, frage ich mich heute vergebens, wann wir eigentlich unsere Bücher schrieben.«

Leonhard Frank

Stefan Großmann
Annie

Damals hatte ich auch eine schicksalsschwere Entscheidung zu fällen. Das Stammcaféhaus war zu wählen, in dem ich mich mit einigen jungen Freunden niederlassen sollte. Man hat über das Caféhausunwesen der Wiener oft die Nase gerümpft und es bespöttelt. Dem Fremden, der es nur in der Nachkriegszeit kennengelernt hat, wo fette, aufgedonnerte Weiber sich in den Fensternischen der Ringstraße breitmachten, mag der Geschmack am Wiener Caféhaus – schnell vergangen sein. Aber bis zum Kriege hat das Wiener Café nicht nur seine Berechtigung, sondern auch seine Kultur gehabt. Das Wiener Caféhaus war eine Art von Klub, scheinbar ein Klub mit offener Tür, in Wirklichkeit meistens eine geschlossene Gesellschaft, die es verstand, Eindringlinge, die nicht hingehörten, vom Marmortisch und aus dem Lokal hinauszuspötteln. Es gab Cafés für die verschiedenen Lager und Branchen, Arbeiter-Cafés in den Vorstädten, Kaufmann-Cafés in den Geschäftsvierteln,

Künstler-Cafés beim Reichsratsgebäude, Mediziner-Cafés in der Umgebung des Allgemeinen Krankenhauses.

Wir jungen Leute wählten keck das Café Griensteidl. Es lag auf dem Michaeler Platz, direkt gegenüber der Hofburg. Es hatte noch den entzückenden Charakter des Altwiener Cafés, es war ganz ohne Pomp, ohne Marmor, ohne Plüsch; sein einziger Schmuck bestand in großen, goldgerahmten Spiegeln. Von den vorderen Räumen, in die sich immerhin noch Zufallsgäste verlieren konnten, musste man durch einen kleinen Biedermeierbogen schlüpfen, wenn man in die geheiligteren hinteren Zimmer gelangen wollte. Da das Café an der Ecke der Herrengasse lag, so gab es an zwei Fronten Fensternischen. In jeder dieser Nischen und an allen Tischen der geheiligten hinteren Räume saß ein sozusagen geschlossener Stammtisch. Das Café Griensteidl war gegen Ende der neunziger Jahre ein geistiges Zentrum der Stadt; in diesem Lager war Österreich, nämlich das junge, das bewusst oder unbewusst an eine Renaissance des auseinanderfallenden Staates dachte. In den geheiligten hinteren Räumen residierten die Politiker. Hier wandelte der bärtige Historiker des sechsundsechziger Krieges, Heinrich Friedjung, monologisierend auf und ab, hier hatte Viktor Adler mit seinem alten Freunde Engelbert Pernerstorfer, der langsam von den Deutschnationalen zu den Sozialisten hinüberrutschte, seinen Spieltisch; der Dritte im Bunde war ein hellblonder Bankdirektor, Otto Wittelshöfer, ein in der Finanzwelt hoch geachteter Mann, den der Nimbus des »geheimen Genossen« umstrahlte. In einem anderen verrauchten Zimmer tagten oder nachteten die Großen des

Burgtheaters, das ja nur ein paar Schritte weit entfernt lag. Unser Tisch konnte natürlich nicht in den allerheiligsten Hinterräumen aufgeschlagen werden. Der Zahlkellner Heinrich, der wohlwollende Regisseur des Cafés, hatte uns eine Fensternische in der Herrengasse zuerkannt. Die Geistigkeit des Cafés Griensteidl kam darin zum Ausdruck, dass nicht nur eine Unzahl von in- und ausländischen Tageszeitungen auflag, sondern dass auch sämtliche literarische Wochen- und Monatsschriften von Tisch zu Tisch wanderten. Im Café Griensteidl anerkannt werden, das hieß den Grundstock zum großen Ruhm legen. Aber wie schnuppe war uns jungen Leuten Ruhm oder nicht Ruhm. Damals erschien in einer Münchener Monatsschrift »Die Gesellschaft« der erste Aufsatz des kleinen Karl Kraus, der auch im Griensteidl geboren wurde. Ich erinnere mich an einen Abend, an dem er mit mir zusammen das Griensteidl verließ, seinen Arm unter meinen schob und ganz ernsthaft an mich die Frage richtete: »Was würdest du dafür geben, wenn du so berühmt wärst wie ich?« Ich wollte ihm nicht direkt ins Gesicht lachen, aber wenn ich später fast allwöchentlich die pathologischen Eitelkeitsexzesse dieses tragischen Zwerges lesen musste, dann fiel mir dieses erste aufschlussgebende Erlebnis immer wieder ein.

Im Café Griensteidl habe ich den ersten etwas einseitigen Liebesroman meines Lebens zu spinnen begonnen. Zwischen halb elf und elf Uhr abends trat hier eine junge Dame mit ihrer kleinen Clique ein, die in dem ersten Raum hinter dem großen runden Eintrittszimmer sich niederzulassen pflegte. Es war ein junges Mädchen von wunderbarem, milchweißem Teint, hellbraunen, großbewimperten Augen und einer ungewöhnlich schönen Stirn. Eine reizende Fröhlichkeit ging von diesem jungen Mädchen aus, und an vielen Abenden sah ich ihr aus meiner Nische zu, immer entzückter von ihrem kollernden Lachen, bezaubert von den schwer bewimperten Augen, von den weißen Zähnen, die bei ihrem ungenierten Geplauder immer wieder fröhlich zum Vorschein kamen. Von den jungen Leuten, die um sie herum waren, schien keiner sich ihrer besonderen Gunst zu erfreuen. Dann und wann kam eine blonde Freundin mit, aber sie war nur eine stille Hintergrundserscheinung. Die heitere Königin des Tisches war Annie R. Ich hatte durch vorsichtiges Fragen ihren Namen herausbekommen und erfahren, dass es sich um ein junges Mädchen handelte, das im Begriff war, zur Bühne zu gehen. Viele Abende hat es mich beglückt, in meiner Nische zu sitzen und nur sehr vorsichtig, ohne dass ich bemerkt wurde und ohne dass ich gestört hätte, einen schnellen Blick zu Annie R. hinüberzuwerfen. Der Eindruck des strahlenden frohen Mädchens war so stark, dass ich mich an meinen Beobachterplatz in der Nische gewöhnte, und wenn ich einen Abend irgendwo in der Vorstadt oder im Prater verbracht hatte, so scheute ich um Mitternacht den weiten Weg zum Michaeler Platz nicht, um vor dem Schlafengehen wenigstens zehn Minuten lang, hinter einem großen Zeitungsblatt verborgen, einige Blicke an ihren Tisch zu werfen. Kam sie an einem Abend nicht, so fehlte sie mir. An Schlafverschwendung gewöhnt, konnte ich hier bis um zwei Uhr nachts wartend ausharren. Als sie einmal zwei

Tage nicht erschien, verfolgte mich der Gedanke, dass sie aus meinem Gesichtskreis verschwunden sein sollte, so sehr, dass ich an meinem Bürotisch vormittags einen Brief konzipierte, den ich an Annie R., Café Griensteidl am Buffet abzugeben, adressierte. Es war damals Sitte, dass man sich einen Teil seiner Korrespondenz ins Café kommen ließ; in dem Glaskasten, der neben dem Buffet hing, waren immer Dutzende von Briefen an Gäste ausgestellt. Ich hatte in dem Brief Annie R. gefragt, warum sie nicht gekommen sei, und ich hatte ihr gestanden, dass sie mir bitter gefehlt habe. Sie möge es wissen, dass jeder Abend, an dem sie nicht im Griensteidl auftauche, mindestens für einen Menschen in Wien ein verlorener sei. Den Brief hatte ich nicht mit meinem Namen gezeichnet, sondern Gabriel Gram. Am nächsten Abend saß ich in meiner Fensternische. Gegen elf Uhr trat Annie R. mit ihren Freunden ein. Sie wollte sich gerade an ihrem Stammtisch niederlassen, als der Kellner sie auf den Brief im Schaukasten aufmerksam machte. Ich sah ihr erstauntes Gesicht, während ich hinter meiner Zeitung versteckt war; ich konnte beobachten, wie sie den Brief öffnete und ihn mit einem freundlichen Lächeln, aber nicht ohne eine angenehme Nachdenklichkeit, zusammenfaltete. Sie drehte sich um, schien an den Tischen nachzusehen, wo der Schreiber des Briefes sich aufhalten könne. Grund genug, mich rasch noch geschützter hinter meiner Zeitung zu verschanzen. Zum Glück war mein Beobachterposten etwas weit, mein Tisch war noch von einigen Freunden besetzt, so dass es ihr auch bei angestrengtem Suchen unmöglich war, den Briefschreiber zu erkennen. Aber jede suchende Bewegung, jeder durch das Caféhaus schweifende Blick tat meinem Herzen wohl. Nach ein paar Tagen entschloss ich mich, wieder einen Brief zu schreiben. Wieder als Gabriel Gram maskiert. Es war ein Huldigungsbrief, wie ihn das junge Mädchen kaum noch erhalten hatte. Jemand war entzückt von ihr, mit dem sie noch nie ein Wort gesprochen hatte, jemand glaubte sie zu erkennen auf Grund ihrer Bewegungen, ihrer Blicke, ihres Lächelns. Und was wollte Gabriel Gram? Nichts, als dafür Dank sagen, dass er sie sehen konnte. Kein Annäherungsversuch, keine Bitte um Antwort, ja, keine Möglichkeit zu antworten. Und wieder hatte ich die Genugtuung, um elf Uhr abends zu sehen, wie Annie R. den Brief am Buffet entgegennahm. Dieses Mal blieb sie stehen, ließ ihre Freunde sich am Stammtisch versammeln und las, einige Schritte entfernt, verhältnismäßig ungestört, den kuriosen Brief. Schon die Vertiefung in die Lektüre, die Gesenktheit des Kopfes, die Entfernung vom Stammtisch der anderen, ein etwas ungeduldiges Reagieren: – ja, ja, ich komme schon –, als sie von ihren Freunden gerufen wurde, eine unwillkürliche Handbewegung, die ausdrücken sollte: lasst mich doch einen Augenblick in Ruhe – all das machte den Beobachter in der Fensternische geradezu glücklich. Als die Briefempfängerin nun gar aufblickte und ihre großen hellbraunen Augen ganz langsam suchend das Caféhaus abwanderten, da durchrann mich eine große Seligkeit. Sie steckte den Brief ein, ich spähte von Zeit zu Zeit zu dem Stammtisch hinüber, aber ich hatte nicht den Eindruck, dass sie irgendjemand, auch nicht der blonden Statistin, ein Wort über ihr Brieferlebnis verraten hätte. Nun hätte ich mich ja eigentlich darüber kränken sollen, dass ihr suchender Blick bei mir nicht Halt gemacht, dass ihr Auge nicht in meiner Fensternische stillgestanden hatte; denn wenn es wirklich einen solchen *coup de foudre* gab, der auf schriftlichem Wege erzeugt werden konnte, Herrgott, dann musste sie doch spüren, aus welcher Ecke der elektrische Strom kam. Aber diese Gedanken verflogen, kaum aufgetaucht, wieder, und zwar aus einem einfachen Grund: Ich war durchdrungen von meiner Hässlichkeit, ich sah mich selbst, wie sie mich sehen musste, ungewöhnlich mager, erschreckend blass, höchst dürftig gekleidet, nachlässig in der Haltung, mit jener bewussten Gleichgültigkeit gegen den äußeren Menschen, der damals das Zeichen des Geistigen sein sollte. Nein, nein, sie konnte mich nicht erkennen, und sie sollte mich nicht erkennen. Und im Übrigen, was wollte ich von ihr? Ich wollte ihr eine Freude machen. Sonst nichts. In den nächsten Tagen geschah es, dass Annie R., wenn sie abends ins Café kam, vor allem schnell zum Buffet ging und fragte: »Ist ein Brief für mich da?« War nichts da, so sagte ihr Gesicht: Schade. Und zuweilen blickte sie ringsumher und sagte deutlich und ganz laut: »Schade.« Ich muss übrigens hinzufügen, dass ich einige List darauf verwendete, nicht entdeckt zu werden. Ja, diese Angst ging so weit, dass ich mich bezwang und von Zeit zu Zeit einige Tage vom Café wegblieb, weil ich durch meine regelmäßige Anwesenheit aufzufallen fürchtete. Es kostete mich sehr viel Überwindung, an dem Tage, an dem der dritte Brief eintraf, dem Café fernzubleiben. Nach und nach bürgerte es sich ein, dass Gabriel Gram alle drei, vier Tage einen Brief absandte. Kein Zweifel, Annie R. wartete schon auf diesen Brief, ihre Phantasie war entzündet, und der unbekannte Huldiger bedeutete ihr vielleicht mehr als die allzu Bekannten am Stammtisch. Aber ich sollte die Feigheit meiner Huldigungen büßen. Je enthusiastischer meine Briefe wurden, desto bitterer fraß sich in mir das Bewusstsein ein, wie groß wird die Enttäuschung sein, wenn sie dich nun leibhaftig vor sich sieht? Und weil ich als Gabriel Gram etwas in ihrem Leben zu bedeuten schien, deshalb gab ich die Partie für Stefan Großmann verloren. Närrisches Jugendspiel, das zwei, drei Monate dauerte. Dann schien es mir, als ob nicht Annie allein, sondern auch alle ihre Freunde das Café absuchten. Es blieb mir nichts übrig, als zu schreiben und aus dem Griensteidl wegzubleiben oder meine Ecke zu besetzen und nicht mehr zu schreiben. Ich musste Gabriel Gram wieder abtreten lassen, wenn ich als Stefan Großmann existieren wollte. Anfang Juli fand das Versteckspiel sein Ende. Annie R. war an das Kurtheater in Ischl engagiert. Das Café Griensteidl, im Sommer immer leer, schien an diesen heiteren Juliabenden vollkommen ausgestorben. Fast als Einziger saß ich in meiner Nische und starrte zu dem Tisch, der leer blieb. An einem solchen Sommerabend voller Sehnsucht setzte ich mich im Griensteidl hin und wagte den ersten Brief nicht mehr als Gabriel Gram, sondern mit meinem wahren Namen zu unterzeichnen. Zwei Tage darauf konnte ich am Buffet die Antwort entgegennehmen. Es war ein ungewöhnlich liebenswürdiger und geradezu freundschaftlicher

Brief. Natürlich, schrieb sie, habe sie schon seit Wochen gewusst, dass die Briefe nur aus meiner Nische kommen könnten, aber sie habe mich nicht gegen meinen Willen demaskieren wollen. Und im Übrigen frage sie mich, ob ich denn krank sei, so sähe ich aus, und ob ich denn nicht für vier Wochen ins Salzkammergut in ihre Nähe, »zu mir«, kommen könne. Ich steckte den Brief lautlos in die Tasche, ich drehte mich um, um zu sehen, ob niemand mich beobachtete, wie ich Annie beobachtet hatte. Es war kein Mensch an diesem heißen Sommerabend im Café. Da zog ich den Brief aus der Tasche und las ihn, am Buffet stehend, noch einmal. Und dann setzte ich mich in meine Nische und las den Brief ein drittes Mal.

Ich konnte nicht auf vier Wochen ins Salzkammergut. Knirschend hatte ich noch meinen Bürodienst zu absolvieren. Aber ich konnte jeden Sonnabendnachmittag nach Ischl, ich konnte eine Nacht und einen Tag dort verbringen und in der Nacht vom Sonntag auf Montag zurückkehren. Es hatte sich herausgestellt, dass Gabriel Gram kein schlechter Wegmacher für mich gewesen. Sanft hatte er die Enttäuschung in der Wirklichkeit schriftlich vorbereitet. Der Kristallisationsprozess, von dem Stendhal spricht, war geglückt. Annie R. sah mich nicht, wie ich war, sondern wie ich in ihrer Vorstellung lebte, und da ich überdies in einem Zustand hellster Verzauberung war, und da ich schweigen durfte, nachdem ich ihr das Schönste schon geschrieben hatte, und da weit und breit kein Stammtischfreund unser Beisammensein störte, und da wir auf diese Stunde des Zusammenseins monatelang gewartet hatten, so hätte der kleine Roman seinen normalen und banalen Verlauf nehmen können. Aber wir waren beide blutjung. Die Spannung zwischen uns war vielleicht zu groß. Die Angst, etwas von diesem ganz unerwarteten Glück zu verlieren, lähmte mich, und meine Leidenschaft machte mich zaghaft. Ich war ein junger Joseph, aber Annie war keine Frau Potiphar. So sahen wir uns mit trunkenen Augen an, spürten uns, zerdrückten uns die Hände und sind einander doch nicht ganz nahe gekommen. Möglich, dass noch immer Gabriel Grams Schatten zwischen uns stand, möglich, dass hinter all ihren lieben und zärtlichen Worten doch eine innerste Enttäuschung verschwiegen blieb. Freilich, wenn ich am Montag früh ins Büro kam nach einer Nacht, die ich in der dritten Klasse im Gedränge sitzend oder stehend, im Halbschlaf – ach, wieder ein Schlafdefizit! – verbracht hatte, fühlte ich mich wie zerschmettert. Doch die Wochentage gingen hin, und ein neuer Sonntag kam. Dieses schöne und entnervende Spiel dauerte bis in den September.

Vom Herbst an war Annie R. an das Wallner-Theater in Berlin engagiert, und das bedeutete für mich den zweiten Aufbruch aus Wien. Der Koffer, mit dem ich nach Berlin fuhr, war wohl etwas größer als der, mit dem ich nach Paris gereist war. Meine Brieftasche enthielt ein paar kleine Banknoten mehr als die fast leere Börse, die ich in den Schweinezug genommen hatte. Aber im Grunde hatte ich wieder, ganz aufs Geratewohl, meine bürgerliche Existenz abgebrochen. Ich hatte für Berlin ein sehr kurzes und sehr klares Programm: ich wollte mit Annie zusammen sein, und ich wollte nie mehr Büroarbeit tun.

Leo Perutz
Zwischen halb zwölf und zwölf

1884 in Prag geboren, lebte Perutz nach dem Ersten Weltkrieg als freier Schriftsteller in Wien, wo 1918 auch sein Roman »Zwischen neun und neun« entstand, in dem der Student Stanislaus Demba, in Handschellen gefesselt, von einer quälenden Schuld durch die Stadt getrieben wird, deren Menschen und Institutionen ihm immer verzerrter und gespenstischer entgegentreten. So auch jenes stille Kaffeehaus gegenüber der Börse, in das Demba um die Mittagszeit flieht.

Zwischen halb zwölf und zwölf Uhr, wenn die Essensstunde heranrückte, war es meist sehr still im Café Hibernia, gegenüber der Börse. Das Heer der Handelsagenten, Firmenchefs und Börsenbesucher, die in den Vormittagsstunden das Lokal mit lärmendem Treiben erfüllten, die hier ihr Gabelfrühstück nahmen, ihre Geschäfte abwickelten, Konjunkturen erörterten, ihre Korrespondenz erledigten und zwischendurch die Zeitungen studierten, durchblätterten, oder durch Herausreißen des Kurszettels entmannten, hatte sich nach allen Richtungen verlaufen. Das Nachmittagsgeschäft des Kaffeehauses, der Aufmarsch der Domino-, Billard-, Tarock- und Schachspieler begann erst nach ein Uhr. Der Kellner Franz, dem für diese Stunde auch das Ressort des Zahlmarkörs übertragen war – der »Ober« war beim Mittagessen –, lehnte an einem Billardtisch, blinzelte schläfrig und kiebitzte den beiden Gästen, zwei Geschäftsreisenden, die ihre Strohmannpartie noch nicht beendet hatten. Das Fräulein an der Kasse pickte die Brösel einer angeschnittenen Linzertorte vom Teller auf.

Stanislaus Demba trat ein. Er behielt den Hut auf dem Kopf, aber das fiel in dem mitten im Geschäftsviertel gelegenen Kaffeehaus, in das die Gäste oft nur auf ein paar Minuten eintraten und in dem jeder Eile hatte oder Eile zu haben vorgab, nicht weiter auf.

Demba blickte sich um, musterte das Gelände mit den Augen eines Feldherrn, verwarf einen Tisch in der Nähe der Kasse als für seine Zwecke ungeeignet, lehnte den Vorschlag des Kellners, der ihn mit einladender Handbewegung pantomimisch auf eine Reihe vorzüglicher Sitzgelegenheiten aufmerksam machte, wortlos ab und entschied sich schließlich für einen Tisch in einem Winkel des Lokals zwischen zwei Kleiderständern.

Der Kellner kam mit einem Bückling heran. »Befehlen der Herr?«

»Ich möchte etwas essen«, sagte Stanislaus Demba. »Was haben Sie?«

»Portion Salami vielleicht. Schönes kaltes Roastbeef wär' da!«

Stanislaus Demba schien zu überlegen.

»Ham and eggs, wenn etwas Warmes nehmen wollen«, empfahl Franz in der höflichen Art der Wiener Kellner, die sich lieber die Zunge abbeißen würden, als dass sie es übers Herz brächten, den Gast wie einen gewöhnlichen Sterblichen mit »Sie« anzusprechen.

»Ham and eggs, Portion Salami, Portion Roastbeef, zwei Eier im Glas –«, rekapitulierte er nochmals.

»Bringen Sie mir«, entschied sich Demba nach längerem Nachdenken, »bringen Sie mir ›Lehmanns Adressbuch‹.«

»Ersten, zweiten Band, bitte?«, fragte der Kellner, der eine Bestellung von größerem Nährwert erwartet hatte, verblüfft.

»Beide Bände.«

Der Kellner holte die dicken Bände aus dem Bücherschrank, legte sie auf den Tisch und wartete auf den nächsten Auftrag.

Der ließ nicht lange auf sich warten.

»Haben Sie ein Lexikon?«

»Wie bitte?«

»Ein Konversationslexikon.«

»Jawohl. Den ›Kleinen Brockhaus‹.«

»Also bringen Sie mir den ›Kleinen Brockhaus‹.«

»Welchen Band belieben?«

»A bis K«, befahl Demba.

Der Kellner brachte drei Bände.

»Eigentlich brauche ich auch die Buchstaben: N, R und V. Bringen Sie mir die übrigen Bände auch«, sagte Demba.

Der Kellner schleppte die fünf Bände herbei, der ganze »Kleine Brockhaus« lag auf Dembas Tisch.

»Ist das das Ganze? Fehlt kein Buchstabe?«, fragte Demba.

»Nein. Nur noch ein Supplementband ist im Kasten.«

»Warum bringen Sie ihn nicht?«, rief Demba ungeduldig. »Ich benötige die Ergebnisse der neuesten wissenschaftlichen Forschung zu meinen Untersuchungen.«

Der Kellner brachte den Supplementband und zog sich dann ehrfurchtsvoll zurück. Er trat an den Tisch zu den beiden Kartenspielern, legte die Hand an den Mund und flüsterte geheimnisvoll: »Ein Herr von der Zeitung! Schreibt hier seinen Artikel.«

»Kellner!«, rief in diesem Augenblick Stanislaus Demba.

»Befehlen der Herr?«

»Haben Sie vielleicht auch das ›Handbuch für Ingenieure‹?«

»Leider nicht dienen —«

»Dann bringen Sie mir den ›Armeeschematismus‹ und das ›Jahrbuch für Heer und Flotte‹ und was Sie sonst an militärischen Handbüchern haben.«

Der eine der beiden Reisenden legte die Karten hin.

»Gegen die hohen Militärs geht's«, sagte er mit einem Blick auf Demba.

»Haben Sie gehört? Den Armeeschematismus! Ist schon recht, soll er's ihnen nur geben! Wer spielt aus?«

»Wer sagt Ihnen, dass er *gegen* die Militärs ist? Genauso gut kann er *für* die Militärs schreiben. Vielleicht bauen wir nach Ansicht des Herrn Redakteurs zu wenig Dreadnoughts«, sagte der Spielpartner.

»Haben Sie auch den ›Gotha‹?«, forschte inzwischen Demba den Kellner aus.

»Jawohl.«

»Bringen Sie mir alle Bände des ›Hof-Gotha‹.«

»Was der alles braucht für seinen Artikel«, sagte der Reisende. »Und da hört man immer, die Journalisten seien nicht gründlich.«

»Den ›Gotha‹«, sagte der andere. »Der schreibt etwas gegen den Minister des Äußeren. Der ist ja ein Graf.«

»Es kann auch sein, er zielt auf den Kriegsminister. Der ist ein Freiherr.« Der Kellner legte alle Bände des »Gothaischen Hofkalenders« und auch noch des »Gräflichen Taschenbuchs« auf Dembas Tisch.

»Das sind doch nicht alle Bände!«, fuhr ihn Demba an. »Bringen Sie mir die anderen Bände auch. Oder soll ich es vielleicht auswendig im Kopf haben, ob der Reichsfreiherr Christoph Heribert Apollinarius von Reifflingen aus der älteren, Sebastianischen, oder aus der jüngeren, Cyprianischen Linie stammt?«

Dem Kellner begann es im Kopf zu wirbeln. Er brachte das »Taschenbuch der freiherrlichen Häuser« und dazu ein »Jahrbuch des Vereins ehemaliger Börsebesucher«, das ihm ebenfalls unter die Hände gekommen war.

Alle Wissenschaft und Gelehrsamkeit der Welt hatte sich auf Stanislaus Dembas Tisch zu einer hohen Bastei gehäuft, hinter der der Student völlig verschwunden war. Nur sein speckig glänzender Hut war noch sichtbar. Aber Herrn

Demba schienen alle diese Behelfe noch immer nicht zu genügen. Er ließ sich auch den »Niederösterreichischen Landeskalender«, den »Wiener Kommunalkalender« und den »Amtskalender der Österreichisch-Ungarischen Monarchie« bringen, von den beiden erstgenannten Werken auch noch den vorletzten Jahrgang.

»Kellner«, rief er, als er das alles hatte. »Was steht dort für ein Buch im Kasten? Dort, das große, schwarze?«

»Das ›Fremdwörterlexikon‹, bitte.«

»Bringen Sie mir das doch sofort! Das brauch ich sehr notwendig. Ich muss unbedingt nachschlagen, wie man Leptoprosopie ins Deutsche übersetzt. Leptoprosopie! Oder können Sie mir das vielleicht sagen?«

»Leider nicht mehr dienen«, stotterte der Kellner, dem ganz wirr im Kopf geworden war.

Jetzt schien Demba endlich alle Bücher zu haben, die er für seine Arbeit benötigte. Die beiden Reisenden begannen weiterzuspielen; der Kellner trat an ihren Tisch und sah zu.

»Kellner!«, brüllte Stanislaus Demba von neuem, so laut, dass das Fräulein in der Kasse das Stück Linzertorte, das sie in der Hand hielt, fallen ließ. »Kel-lner!«

»Sofort, bitte!«, rief der Kellner und warf einen Blick in den Bücherschrank: aber der war leer. Daher nahm er das befleckte gläserne Tintenfass und die Pappschachtel, in der das Schreibpapier verwahrt war, vom Buffet, denn er glaubte den nächsten Wunsch des Gastes erraten zu können.

»Kellner! Wo bleiben Sie?«, rief Demba.

»Bin schon da. Befehlen Tinte, Feder und Papier?«

»Nein«, sagte Demba. »Bringen Sie mir eine Portion Salami, zwei Eier im Glas, Brot und eine Flasche Bier.«

Der Kellner brachte das Verlangte, und eine Weile hindurch sah man von Stanislaus Demba nichts weiter als den Hut, der sich im Rhythmus des Kauens auf und ab bewegte und hinter dem Bücherwall bald sichtbar wurde, bald verschwand.

Einer der Reisenden hatte Zahnschmerzen und befahl dem Kellner, nachzusehen, ob die Kaffeehausfenster alle geschlossen seien. Als Franz diesen Auftrag ausgeführt hatte, hielt er es für seine Pflicht, Herrn Demba beim Speisen ein wenig Gesellschaft zu leisten und ihn zu unterhalten.

»Manche Herrschaften sind so heikel, vertragen kein Lüfterl«, begann er das Gespräch und deutete auf den Reisenden.

Stanislaus Demba hatte sofort zu essen aufgehört, als der Kellner in seine Nähe kam. Er ließ Messer und Gabel klirrend auf die Tischplatte fallen, hob den Kopf und starrte den Kellner durch zwei Brillengläser über den Lexikonband »Löffelhuhn bis Nebenniere« hinweg wütend an.

»Was wollen Sie?«

»Musste leider die Fenster schließen, weil der Herr dort –«

Der Kellner kam nicht weiter.

»Machen Sie sie zu oder lassen Sie sie offen, was geht das mich an!«, brüllte Demba. »Aber stören Sie mich nicht beim Essen!«

Franz verschwand eiligst hinter dem Buffet und kam erst wieder hervor, als Stanislaus Demba »Zahlen!« rief.

»Bitte sehr, was haben gehabt? Portion Salami, zwei Eier im Glas, eine Flasche Bier – Brote? Zwei? Drei?«

Demba saß eigentümlich steif auf seinem Sessel.

»Drei Brote.«

»Eine Krone achtzig, zwei sechzig, drei sechsunddreißig, drei Kronen zweiundvierzig, bitte –«

Demba wies mit den Augen auf die Tischplatte. Dort lagen drei Kronen und ein paar Nickelmünzen.

Dann erhob er sich und ging zur Tür. Ehe er auf die Straße trat, wandte er den Kopf und sagte mit verdrießlicher Miene zum Kellner:

»Ich habe hier eigentlich meine große Dissertation über den Stand des menschlichen Wissens am Beginn des zwanzigsten Jahrhunderts schreiben wollen. Aber es war mir doch ein bisschen zu viel Lärm in dem Lokal.«

Rudolf Weys
Schale Nussgold
oder Die Kellnerprüfung

Personen:

Franz, Karl, Josef, Schurl, Hansi, Der Prüfer

Die Prüflinge – Kellner in weißer Dress – sitzen in weitem Halbkreis rund um den Prüfer.

Prüfer Geschätztes Auditorium, hochverehrte Zuträger und Zuträgerinnen, einschließlich Pikkolo, Sitzkassierin und Gebäck! Delegiert vom Gewerbeförderungsinstitut, ist es meine Aufgabe, Ihnen in schwerer Zeit, bevor dass Sie in alle Winde hinausschnellen, Ihnen also ein letztes Mal einzuschärfen, welche Kulturmission unser heimisches Echtwiener-Kaffeehaus in der Welt zu erfüllen hat, vermag und auch kann. Und fürwahr: gibt es ein prächtigeres Bild als unsere lieben Wiener und Wienerinnen hinter den wohnlichen Spiegelglasscheiben eines anheimelnden und natürlich erstklassig geführten

Wiener Kaffeehauses? Blicken Sie auf unser »Victoria«, »Dom« und »Schwarzenberg«, aufs »Sacher«, »Jungwirth« und »Museum«, auf unser »Herrn-«, »Atlas-«, »Goethe-«, »Rudolfs-« und »Heinrichshof« – das gibt es kein zweites Mal, das darf es kein zweites Mal geben! *Wischt sich den Schweiß von der Stirne.* Bevor dass Sie also hinausschnellen, werde ich mir erlauben, Sie einer kleinen Prüfung zu unterziehen, ob Sie auch imstande sind, Ihren Stand voll und ganz auszufüllen. Karl Domeier, komm außer.

Karl *tritt vor* Der Herr gewunschen, bitte –??

Prüfer Der Tonfall war net schlecht, a bisserl rescher könnt er noch sein. Also Sie, Karl, sagens mir: was ist ein »Kapuziner, mehr licht mit Schlag«?

Karl *sehr rasch* Ein »Kapuziner, mehr licht mit Schlag« ist beinahe dasselbe wie eine »Schale Nussgold mit Haut«, nur eben natürlich mit »Schlag« statt mit »Haut« und um eine Idee mehr dunkel.

Prüfer Sehr brav, setzen. *Blättert im Katalog.* Josef Hundsgruber?

Josef Hier!

Prüfer Was ist eine »Teeschale«?

Josef Eine Schale Tee.

Prüfer Ganz falsch; Karl, sagen Sie's!

Karl *stotternd* Eine Tasse …, eine Schale … zum Teetrinken, ich bitte!

Prüfer Eine Schand für einen werdenden Zuträger, so was nicht wissen! Eine Teeschale im Kaffeehaus ist nichts als eine Maßeinheit. Eine »Teeschale, mehr licht« zum Beispiel, das is eine »Kaffeeschale Lauf«, also ein laufender, normaler Kaffee. Denn a wirklicher Tee is nie eine »Teeschale«, sondern immer eine »Portion«. Und die »Portionen« zerfallen in – *deutet auf Franz* – na, sagens es!?

Franz Die »Portionen Tee« zerfallen in: »mit Rum«, »mit Milch«, »mit Zitrone« und »mit ohne«, ich bitte.

Prüfer Brav. Kennens vielleicht auch die verschiedenen Arten »Melange«? Obwohl, das is eigentlich schon mehr Hochschulstoff und dürft Ihnen demnach zu schwer sein?

Franz Man unterscheidet achterlei Arten »Melange«. Die häufigst vorkommende is die »mit Schlag«. Es gibt aber auch hier »mit ohne«, ferner »passiert« oder »mit Haut«, dann »mit Haut und mit Schlag«, »mit Haut und ohne Schlag«, »ohne Haut und mit Schlag«, und schließlich »ohne Haut und ohne Schlag«.

Prüfer Danke, ich seh schon, Sie verdienen Auszeichnung. Fräulein Hansi Honigmeier? *Hansi steht auf.* Indem dass das Kellnergewerbe ein durch und durch männlicher Beruf ist, wäre dementsprechend das Frauenstudium stark hintanzuhalten. Oder haben sie vielleicht ein eigenes Kaffeehaus?

Hansi Das grad net, aber i studier auf »Gebäck«.

Prüfer Das geht schon eher. Immerhin birgt der Beruf gewisse Gefahren für ein junges Mädchen. Was machen Sie zum Beispiel, wenn ein Herr unter dem Vorwand, bei Ihnen was zu bestellen, fragt, was Sie am Abend machen und so weiter? Na, Sie wissen schon …?!

Hansi Das ist sehr einfach, bitte! Da sag ich ihm Folgendes: »Auf d'Nacht, mein Herr, geh ich schön nach Haus. Ins Kino geh ich zwar auch hie und da, aber nur, wenn ich Lust hab. In Stadtpark setz ich mich in der Finstern prinzipiell nicht, und wo man sich sonst ›ungestört‹ unterhalten kann, weiß ich nicht. Wenn ichs aber wüsst, ging ich mit Ihnen auch nicht hin. Da somit alle Möglichkeiten erwogen sind, können Sie sich weitere Privatfragen sparen und mir bekannt geben, was ich Ihnen servieren darf.«

Prüfer Sehr gut. Was glaubens, was sagt Ihnen der Kren drauf?

Hansi »Danke schön, ich hab kan Appetit mehr!« Und putzt sich.

Prüfer Na, fürs Lokal is das zwar schlecht, aber in sittlichem Betragen verdienens ein Einser. Danke, Sie können sich setzen. – Josef, für Sie noch eine Frage, weils früher versagt haben. Aber jetzt passens genau auf. Was is alsdann »einmal Natur«?

Josef *stotternd* »Einmal Natur … einmal Natur …«

Prüfer Was? Das wissens auch nicht?

Josef Bitt schön, damals hab ich gefehlt!

Prüfer Mein lieber Herr, mit solche Kenntnisse könnens net als Kompensation ins Ausland! Passens auf: »Ein Schwarzer« is manches Mal ein »Türkischer« und manches Mal ein »Mokka« –

Josef *unterbrechend* Bitt schön, i waß schon: Der Letztere, nämlich der »Türkische«, is teils »passiert«, dann is er »natur« oder »gewöhnlich«, dann is er »gewöhnlich«. Auch da gibts wieder »Nuss- oder Teeschale«, man kann zur »passierten Nussschale« ein »Schlag« oder zum »Doppelmokka natur« gar nix nehmen oder umgekehrt –

Prüfer *unterbrechend* Sehr richtig, das lasst sich permutieren. Was »ein Kapo, sehr hell«, eine »Melange, sehr heiß«, »ein Doppelmokka, gespritzt« oder ein »Mazagran« ist, geht demnach eindeutig aus dem Obengesagten hervor. So und jetzt hätt ma noch den Schurl. Komm außer, Pikkolo!

Schurl *mit Hangerl, devot* Der Herr gewunschen, bitte? Schon befohlen?

Prüfer Um eine Idee zu servil sagens das. A Wiener derf nie vergessen lassen, dass er von Natur aus eigentlich resch is! Pass auf: wann ein Herr bestellt: »Einmal Sahne!« Was denkst da da sofort?

Schurl Dass der Herr a Preuß is, Herr Professor. Eine »Sahne« is nämlich in Wahrheit immer »ein Schlag«, äußerstenfalls ein »Obers«.

Prüfer Sehr gut. Was kann der Herr zum »Wiener Frühstück« haben?

Schurl Ei, Jam, Honig, Marmelade, ganz nach Belieben. Wann aber der Gast statt dem Honig telefonieren gehen will, so ist das in besseren Lokalen nicht gestattet.

Prüfer Wenn ein Gast eine Zeitung wünscht, wo ist dieselbe?

Schurl In der Hand.

Prüfer Sehr brav, mein Sohn, setz dich. Jetzt noch eine Abschlussfrage, bevor ich alle für reif erkläre für den Dienst am Kunden. Stellts euch einmal alle vor, ein Gast ruft »Zahlen!«. Was machts Ihr da? *Alle zeigen auf.* Na, Franz?

Franz I geh sofort hin und kassier ein.

Prüfer Ganz falsch. Ihnen muss ma umschulen auf ein Gaskassier. – Pepi?

Josef Ich schau, ob der Gast zu mein Rayon ghört.

Prüfer Schon besser. Was meinen Sie, Fräulein Hansi?

Hansi I scher mi net drum.

Prüfer Sehts es, von einer Frau müssts Ihr euch beschämen lassen! Ruft der Gast »Zahlen« und es hörts, sag ma, der Pikkolo, was is dann? Schurl?

Schurl *ratschend* Hörts der Pikkolo, kümmert er sich net drum. Kümmert er sich aber ja drum, sagt ers dem ersten Zuträger, der sagts dem zweiten. Wann der Gast Glück hat, geht des jetzt so weiter bis zum Marqueur, der was bekanntlich der Ober is. Wann aber der Gast ka Glück hat –

Prüfer Karl, fahren Sie fort!

Karl Wann der Gast kein Glück hat, fangt er halt wieder von vorn an mit sein depperten »Zahlen!«.

Prüfer Jetzt aber Annahme, bitte: Annahme – in der Praxis kommts ja eh nie vor! –, dass es gleich beim ersten Mal der Marqueur hört, was is dann?

Karl Dann derf der Ober nie sofort hingehen. Sofort hingehen is absolut unfein, das schauert ja aus, als ob ma in St. Pölten ausglernt hätt und net beim »Sacher«. Besser Fliegen fangen oder jede andere Arbeit, nur net hingehen.

Prüfer Sehr richtig! Besser Fliegen fangen oder jede andre

Arbeit, nur net hingehn! Mit dieser Lebensregel wollen wir unsere heutige Gewerbeförderung beschließen. Alle ohne Ausnahme sind mit Auszeichnung für reif erklärt, österreichische Volksbräuche in alle Winde zu tragen, gemäß dem Wahlspruch auf unserem Panier: Na – – –

Alle erheben sich und sprechen mit dem Prüfer unisono:

Wiener Kaffee über alles, wenn er nur will!!

Vorhang

Frigyes Karinthy
Ich werde gezeichnet

Damit muss man sich abfinden, das ist jetzt die neueste Manie auf der Galerie des Kaffeehauses. Am Nebentisch sitzt ein junger Mann und starrt mich an. Eine Hand hat er auf dem Tisch. Ich werde unruhig. Was soll das heißen? Will er mit mir anbinden? Oder gefalle ich ihm? Verschämt will ich mich abwenden, doch da kommt der Kellner.

»Entschuldigen Sie, aber Herr Pök lässt Sie bitten, den Kopf nicht zu bewegen, weil er Sie sonst nicht zeichnen kann.«

»Wer ist denn dieser Herr Pök?«

»Sie kennen ihn nicht? Er arbeitet für das Witzblatt ›Unmögliche Visagen‹.«

»Aa … ha. Ich bin ihm sehr verbunden.«

Bestimmt wäre es nach dieser Bitte sehr unhöflich gewesen, kleiner persönlicher Unbequemlichkeiten wegen etwas zu verhindern, was im Interesse der Allgemeinheit zustande kommen soll. Ich mache meinen Hals steif. Herr Pök nickt freundschaftlich.

»Ein bisschen nach rechts und nach oben«, sagt er und winkt mit der Hand.

Ich verrenke mir den Hals.

»Noch ein bisschen mehr! Nach rechts …«, ermuntert mich der Meister.

Gut, gut, bloß …

Meine Wirbel knacken missvergnügt. Das Blut steigt mir zu Kopfe.

»Interessant«, schwärmt der Meister und legt den Bleistift hin. »Was für merkwürdig hervorquellende Augen Sie haben.«

Und rasch beginnt er mit dem Bleistift über das Papier zu kratzen. So ist es eben. Manchen Menschen juckt der Kopf, und sie kratzen sich am Kopf. Manchen Menschen juckt das reine weiße Papier, und sie kratzen über das Papier.

»Ein interessanter Kopf«, plaudert der Meister weiter.

Er kneift ein Auge zu, hält eine Hand vors Gesicht und sieht mich zwischen zwei Fingern an – mit dem Auge, das er zugekniffen hat.

»Ein schwerer Kopf.«

»Wie bitte?«

»Sie haben einen sehr schweren Kopf, mein Freund.«

»Erlauben Sie mal … ich war immer ein guter Schüler.«

»So meine ich es doch nicht. Er ist schwer zu zeichnen. Wissen Sie, ich pfeife auf Ähnlichkeit, die ist mir schnuppe. Der Benczur und der Lotz, die mögen auf Ähnlichkeit erpicht sein. Ich bin auf den Charakter aus. Bitte, noch ein bisschen mehr nach rechts.«

Ich drehe den Kopf noch ein bisschen mehr nach rechts – einer meiner Halswirbel springt sacht hervor.

»Interessant, ungeheuer interessant«, schwärmt der Künstler. »Ihr Gesicht wird überhaupt nicht vom Charakter geprägt, sondern von den Valeurs. Die Stirn ist blau, die Nase rot, und die Zunge hängt heraus. Ein ganz eigentümlicher Kopf. Wissen Sie, für mich ist die innere Konstruktion des Kopfes und der Charakter wichtig. In Ihrem Charakter steckt etwas von der Wesensart eines Papuas, wie van Gogh sie bei den Tscherkessinnen angetroffen hat. Auch bei Ihnen sind nicht die Züge ausschlaggebend, sondern die Schädelknochen. Ziehen Sie doch mal die Nase ein bisschen ein!«

Ich ziehe, aber ohne Erfolg.

»Natürlich, die Knochen sind ausschlaggebend. Die nackten Knochen. Die Haut und alles andere ist unwichtig.«

Er streckt die Hand aus. Um Himmels willen, er will mir doch nicht die Haut abziehen? Nein, Gott sei Dank nicht.

»Sie haben auch gar keine Haut im Gesicht. Und der Hinterkopf ist geschwollen. So eine Schwellung tritt stets im Primärstadium einer Schizophrenie auf. Gauguin nennt diese Schädel in seinem Werk ›La trottlisme‹ Idiotenköpfe. Und was für wulstige Lippen Sie haben! Und diese abstehenden Ohren! Und in Ihrem Charakter ist etwas von Stumpfsinn … das muss ich deutlich machen … Etwas Verschwommenes und Unsauberes … etwas, was an Sauerkohl erinnert … Pfui!«

Er steht auf und knöpft sich das Jackett zu. Auch ich stehe auf.

»Nun, ist sie fertig?«, frage ich neugierig.

»Was?«

»Na, die Zeichnung.«

»Was für eine Zeichnung?«

»Ja, haben Sie mich denn nicht gezeichnet?«

»Das ist mir nicht im Traum eingefallen. Ich wollte Ihnen nur mal in aller Ruhe die Meinung über Ihre Fassade sagen, die ärgert mich nämlich schon lange. Im Übrigen bin ich der Koltai, von dessen Gedichtband Sie geschrieben haben, es sei ein Sammelsurium alberner, gedrechselter Verse. Habe die Ehre.«

Ferenc Molnár
Lencsés

Es ist früh drei viertel vier. Ich kann nichts dafür, es ist traurig, aber es ist so: Ich sitze im Kaffeehaus, hinten in der Ecke, allein. Noch ist es dunkel, doch in einer halben Stunde wird es bereits hell werden, dann gehe ich still nach Hause, in dem frischen kleinen Wind, der auch noch Düfte bringt: Gott weiß, wo er sich in Pest in der Frühe den Duft von Wiesenblumen holt, doch in dieser halben Stunde gibt es selbst ihn. So lange jedoch muss ich noch hier sitzen bleiben, in dieser vor Spiegeln strahlenden, überbeleuchteten Basilika, in diesem aus geschliffenem Glas, geschlagenem gelbem Kupfer und aus Palisanderholz komponierten Kehrichthaufen, allein. Das macht nichts.

Eine Dame putzt mit einer Paste die Sektkühler. Der Kellner isst oben, in einer Ecke, seine Suppe. Würden die Bogenlampen nicht summen, herrschte Stille. Doch sie summen; und man achtet auch ein wenig darauf, so rauscht und summt es seit Jahrzehnten; auch darin ist ein Gefühl der Unendlichkeit verborgen, nicht anders träumt es sich am Meeresufer; ich höre jetzt am Ufer der Bogenlampe sitzend das ewige Brausen. Der Mensch jedoch ist ein wollüstiges Tier. Ich bekomme Lust, in einer doppelzentnerschweren Illustrierten zu lesen. Die sich im Kaffeehaus grämende Seele möchte jetzt das mit einem kleinen weißen Kreuz gekennzeichnete Gesicht des sächsischen Königs in der »Woche« betrachten, als er gerade ein Denkmal enthüllt. Einen englischen Ministerpräsidenten habe ich auch lange nicht mehr gesehen, hinter seinem Tisch. Ich sehne mich nach Kriegsschiffen, nach guten dichten Rauch erbrechenden Kriegsschiffen in der »Illustrated London News«, in der guten alten »Graphic«. Ja, ja, Bilder …

»Kellner!«

»Sie wünschen?«

»Zeitungen, bitte …«

»Sofort schicke ich den Zeitungsjungen.«

Und er verschwindet. Eine Minute später steht jemand dort vor mir.

»Welche Zeitungen wünschen Sie?« Ich blicke auf ihn hinunter.

»Ei …«, sage ich, »wer bist denn du, junger Mann?«

Ich muss lächeln. Der junge Mann ist so groß, dass sein Kopf gerade über den Marmortisch hinausreicht. Ein blondhaariger und kindlicher Dreckfink. Er hat einen Smoking an, zweimal so groß wie er selbst, mit kleinem schmutzigem Kragen und schwarzem Schlips. Aus dem Ärmel des Smokings baumelt eine schmächtige kleine Kinderhand heraus. Er hat große blaue Augen mit großen blauen Ringen.

Ein niedliches, kleines Gesicht, eine dünne, unterwürfige kleine Stimme. Er steht stramm, wartet ernst.

»Ei«, sage ich, »jetzt brauche ich keine Zeitung mehr. Wie kommst denn du hierher?«

»Ich bin der Zeitungsjunge.«

»Wie heißt du?«

»Ferenc.«

»Welcher Ferenc?«

»Lencsés Ferenc.«

Sonderbar. Der Name übt eine eigenartige Wirkung auf mich aus. Ferenc Lencsés. So groß wie eine *lencse*, eine Linse, und schon Ferenc.

»Nicht Feri?«, frage ich.

»Nein«, sagt er, noch immer ernst, »Ferenc.«

»Wie alt bist du?»

»Zwölf werde ich.«

Es ist vier Uhr in der Frühe. Er ist so groß wie eine Linse, heißt Ferenc und wird zwölf. Morgens um vier Uhr ist er noch hier. Arbeitet. Und er hat ein so verträumt ernstes kleines Bauernkindergesicht, er klapperte in zu großen, dicksohligen Schuhen, als er kam, er schritt wie ein Erwachsener. Seine ganze Erscheinung ist so ernst, als wäre er aus einem sehr alten Märchen hierhergekommen, so dass ich mir die anderen kleinen Bauernkinder neben ihm vorstelle, unter denen er so ernst wie ein kleines Wunder steht; in seinem zu weiten Smoking.

»Na«, sage ich, »lieber Lencsés, jetzt wirst du mir sagen, wie zum Teufel bist du hierher in die Andrássy-Straße gekommen, was suchst du hier zur Nachtzeit als alter Jude angezogen, warum machst du ein so ernstes Gesicht; du wirst mir überhaupt alles sagen, was ich über dich wissen möchte, denn bis jetzt habe ich hier ruhig gesessen, doch nun beunruhigt mich etwas, beginnt mir die ganze Sache nicht zu gefallen, hier ist etwas nicht in Ordnung.«

Langsam gelang es mir, Lencsés' Vertrauen zu gewinnen, und das Verhör nahm seinen Anfang:

»Wann hast du Dienst?«

»Abends um sechs muss ich im Kaffeehaus sein, und morgens um sieben kann ich nach Hause gehen.«

»Schön.« (Zwölf Jahre und arbeitet dreizehn Stunden.) »Wo wohnst du?«

»In Kispest.«

»Was? Von dort kommst du herein?«

»Ja.«

»Sag mir, wie du von Kispest hereinkommst, aber genau.«

»Ich gehe nachmittags um halb vier von zu Hause fort und muss anderthalb Stunden zu Fuß laufen bis zur Straßenbahnhaltestelle. Von dort fahre ich direkt bis hierher. Dann ist es schon sechs Uhr. Um sieben Uhr früh gehe ich wieder fort, steige in die Straßenbahn und bin in einer Stunde draußen in Kispest, auf dem Erzsébet-Platz; von dort laufe ich zu Fuß wieder anderthalb Stunden und bin um halb zehn zu Hause. Dann lege ich mich schlafen.«

Er lächelt nicht, sagt es wie eine Lektion. Zwölf Jahre, arbeitet dreizehn Stunden, fährt zwei Stunden, läuft drei Stunden zu Fuß. Schläft sechs Stunden. Eigentlich läuft er sechzehn Stunden, denn im Kaffeehaus sitzt er ja nicht, er rennt mit den Zeitungen umher. Im Smoking. Und keine zwölf Jahre. Auch die wird er erst.

»Ei«, sage ich, »ei, Lencsés, sind diese Strapazen nicht ein bisschen viel für dich?«

»Nein.«

»Was ist dein Vater?«

»Ich habe keinen.«

»Deine Mutter?«

»Kocht … beim Schlächter.«

»Und sie duldet es, dass du die ganze Nacht arbeitest?«

»Ich bringe ihr das Geld nach Hause. Doch ich arbeite nicht immer nachts. Im anderen Monat arbeite ich am Tage. Dann muss ich morgens um halb vier von zu Hause fort und stehe um drei Uhr auf. Von früh um sechs bis abends um sieben arbeite ich hier und bin abends um halb zehn zu Hause.«

»Im Winter auch?«

»Auch.«

»Dann gehst du auch anderthalb Stunden zu Fuß?«

»Ja. Nur im Winter ist es schlecht, es gibt keine Lampe. Da laufe ich in die Kälte und Dunkelheit hinein. Und bin ich sehr durchgefroren, dann gehe ich in die Feldhütte, denn an der Grenze von Péter gibt es eine Feldhütte, dort bleibe ich so lange, bis ich mich aufgewärmt habe, und regnet es, dann gehe ich auch in die Hütte, bis es aufhört.«

»Und wenn es nicht aufhört?«

»Es hört auf. Ich warte, bis es aufhört.«

»Schön.« (Vergessen wir nicht, wenn es kalt ist und wenn es regnet, geht er im Regen entweder anderthalb Stunden im Dunkeln oder er wartet, bis es aufhört, er zittert in der Feldhütte und schläft dann nur vier Stunden. Vergessen wir nicht, er wird erst zwölf. Morgens um drei Uhr muss er bereits aufstehen.)

Er fügt hinzu, ergänzend: »An der Péterer Grenze gibt es auch eine Lampe. Die sehe ich schon von weitem, von ihr weiß ich, wo ich langgehen muss. Doch wenn der Wind die Lampe ausgeblasen hat, verlaufe ich mich meistens.«

Pause. Er wartet, worauf er noch antworten soll.

»Nun, Lencsés«, sage ich, »jetzt wollen wir dann hören, wie viel Geld du bekommst.«

»Zehn Forint.«

»Lencsés«, sage ich, »was brauchst du jeden Tag für die Straßenbahn?«

»Fünfzehn Kreuzer hin und fünfzehn Kreuzer zurück. Im ganzen dreißig.«

»Aber Ferenc Lencsés«, sage ich, »dann lass uns mal rechnen, wie viel dir von deinem Geld bleibt. Komm. Ein Monat sind dreißig Tage. Dreißig mal dreißig Kreuzer, das sind neun Forint, bleibt dir in guten Monaten ein Forint. Doch es gibt im Jahr sieben Monate, in denen du von den zehn Forint Gage neun Forint dreißig für die Straßenbahn brauchst; da bleiben dir für den ganzen Monat Arbeit, für täglich zwei Stunden Fahrt und drei Stunden Fußmarsch, für täglich dreizehn Stunden Herumrennen, Schleppen, Arbeiten, für Durchnässen und Frieren, für Dunkelheit und Kälte im ganzen siebzig Kreuzer, die du deiner Mutter nach Hause bringst. Wenn das stimmt, Lencsés, dann wird das schon leicht abscheulich und … und …«

»Ich bekomme auch Trinkgeld«, tröstet er.

Er mich.

»Nein«, sage ich. »Lencsés, so geht das nicht … das … Was willst du werden?«

»Kellner«, sagt er. Glücklich, als würde er sagen: General.

Was soll ich jetzt mit Lencsés machen? Ich sage schon lange, man darf aus dem Elend nicht ein Beispiel herausnehmen und studieren, weil man danach zwei Tage lang nicht schlafen kann. Was sollte ich tun? Sollte ich ihm Geld geben? Ich habe ihm Geld gegeben. Vielleicht haben ihm diese paar Sechser ein wenig geholfen, mir jedoch nicht. Und auch ihm haben sie nicht geholfen. Ich hätte mich nicht mit ihm in ein Gespräch einlassen dürfen, denn dann würde ich jetzt nicht fühlen, wie völlig hilflos ich jedem Elend gegenüber bin. Dann hätte ich nicht dieses würgende, brennende Gefühl, diesen blinden Zorn, dieses zum Stammeln zwingende Etwas, dieses Beunruhigende, Siedende, diesen in meiner Brust auflodernden Zorn … Zum Teufel damit, Lencsés, du mit deinem hübschen kleinen, blonden Kopf, dem märchenhaften ungarischen Gesicht, dem alten Smoking und deiner mit Füßen getretenen Jugend. Zum Teufel mit den Märchenbüchern und den Kinderspielen, den reizenden Bubi-Gesichtern, den weißen Kinderbettchen, den Matrosenkragen und den goldenen Schiffsnamen auf den Strohhüten der Bubis. Zum Teufel mit den französischen Fräuleins, den Kinderbällen, den Baby-Partys, den Geburtstagstorten und den Sprüchen aus »Kindermund«. Zum Teufel mit den Kutschpferden, den

Reifen, den kleinen Husarenuniformen, den heizbaren kleinen Lokomotiven und mit allen meinen vortrefflichen Beobachtungen aus dem Kreis des kindlichen Wehs. Was taugt das jetzt alles, wenn vor mir morgens um halb fünf Lencsés steht, ernst wie ein Polizist, und mir dieses zerlumpte, schmutzige kleine Leben auf den Tisch legt, das allein deshalb kein Martyrium ist, weil es von ihm Tausende gibt; vor mir auf dem Tisch liegt dieses durchnässte, durchfrorene kleine, gerupfte, Siebzig-Kreuzer-Spatzenleben. Auf alles antwortet er mit seiner dünnen Kinderstimme, und er weiß nicht, dass er auch klagen könnte; für siebzig Kreuzer plagt er sich einen Monat und ist noch nicht einmal zwölf Jahre alt. – Zum Glück wird er gerufen.

»Zahlen«, sage ich zu dem Oberkellner. Er kommt.

»Sie haben mit dem Kind geplaudert?«

»Ja.«

»Ein kluges Kind«, sagt er.

»Sagen Sie, bitte«, wende ich mich an ihn, »wie viel ist das Kaffeehaus wert?«

»Fünfhunderttausend Kronen wollte man im vergangenen Jahr dafür zahlen, doch man hat es nicht verkauft.«

»Was bringt es auf die Hand?«

»Auf die Hand jährlich … hundertdreißigtausend Kronen.«

»Danke.«

Das Kaffeehaus hat ungefähr zwanzig Mitarbeiter. Mit den zwanzig Mitarbeitern macht es einen Umsatz, von dem jährlich hundertdreißigtausend Kronen reiner Gewinn bleiben. Und einer der zwanzig Mitarbeiter ist Ferenc Lencsés aus Kispest. Er läuft drei Stunden zu Fuß, bei Regen und Schnee. Fährt zwei Stunden mit der Straßenbahn. Läuft dreizehn Stunden herum. Und er ist noch nicht zwölf. Smoking. Von den hundertdreißigtausend entfallen auf ihn insgesamt neunzehn Kronen achtzig Fillér im Jahr.

Gehen wir nach Hause, es wird schon hell. Dem Cafétier bin ich nicht böse, denn er ist ein guter alter Mann, er streichelt den Jungen und gibt ihm nicht weniger als die anderen Cafétiers. Gegen ihn habe ich nichts einzuwenden. Nein. Ich weiß auch nicht, warum ich so verzweifelt bin. Ist doch gar nichts Besonderes passiert. Ich spüre, ich werde einen Artikel über Lencsés schreiben, denn was ich hier gesagt habe, das ist bis zum letzten Buchstaben wahr. Dabei mag ich solche Artikel nicht, ich schäme mich, so ergreifend im Elend herumzustochern, schäme mich, ein Lob für Lencsés' Leiden zu bekommen, verabscheue es, dass er sich plagt und ich das edel in einem Artikel beschreibe, den ich mir wie einen Orden an die Brust stecke und mich mit ihm brüste. Denn so ist es. Und dennoch, dennoch, dennoch …

Jetzt ist es schon spät. Der Fehler ist mir unterlaufen, als ich mich mit Lencsés in ein Gespräch einließ.

Über die Autoren

Peter *Altenberg*, 1859 in Wien geboren, war schon zu Lebzeiten eine stadtbekannte Figur. Auf Grund eines Nervenleidens konnte er keinen Beruf ausüben und verbrachte die meiste Zeit im Kaffeehaus. Von der anregenden Atmosphäre inspiriert, schrieb er kleine Prosaskizzen. Seine kurzen Texte wurden auf verschiedenen Bühnen vorgetragen und in Anekdotensammlungen veröffentlicht. Trotz des Erfolges führte er ein ärmliches Leben und starb 1919 in Wien, nachdem er mehrere Jahre in Nervenheilanstalten verbracht hatte.

Robert *Ascher* wurde 1883 in Wien geboren, stammte aus einem jüdischen Elternhaus und arbeitete zunächst als Handelsangestellter. Später war er als Mitarbeiter bei verschiedenen Wiener Zeitungen tätig. Sein schriftstellerisches Hauptwerk ist der Roman »Der Schuhmeier«, der das Leben eines sozialdemokratischen Politikers schildert.

Ascher starb 1933 zwei Tage nach Erscheinen des Romans in Wien.

Géza von Cziffra, 1900 in Arad, in der Region Banat im heutigen Rumänien, geboren, war ein ungarischer Filmemacher und Drehbuchautor. Er verfasste Glossen über die ungarische Politik und Gesellschaft, beteiligte sich an mehreren Drehbüchern und war Eigentümer des Kabaretts im Palmhaus am Kurfürstendamm. Während eines Filmdrehs in Prag wurde er von der Gestapo verhaftet und entkam nur knapp dem Transport nach Theresienstadt. Er starb 1989 in Dießen am Ammersee.

Edmund Edel wurde 1863 in Stolp (Pommern) geboren, wuchs in Berlin auf und studierte Malerei in München und Paris. Nachdem er erfolgreich als Illustrator gearbeitet hatte, widmete er sich ab 1903 ganz dem Schreiben. Er verfasste mehrere Gesellschaftsromane, zahlreiche Drehbücher und führte Regie bei vielen Stummfilmen. 1934 starb er in Berlin.

Otto Friedlaender, 1889 in Wien geboren, studierte Kunst und Literatur in Grenoble und Oxford. 1913 kehrte er nach Wien zurück und diente als Offizier im Ersten Weltkrieg. Danach arbeitete er als Schriftsteller in Wien. Als überzeugter Pazifist war er an der Gründung von verschiedenen Friedensorganisationen beteiligt. Er starb 1961 im österreichischen Waidhofen.

Stefan Großmann, 1875 in Wien geboren, arbeitete zunächst als Versicherungsmathematiker. In dieser Zeit verfasste er erste Texte für eine sozialistische Wochenzeitschrift. Er gründete 1906 nach dem Vorbild der Berliner Volksbühne die »Freie Volksbühne für die Wiener Arbeiter«. Im Berlin der zwanziger Jahre war er ein bekannter Journalist, der für verschiedene Zeitungen schrieb. Er starb 1935 in Wien.

Milena Jesenská, 1896 in Prag geboren, war Schriftstellerin, Journalistin und Übersetzerin. Mit Franz Kafka, dessen Werke sie ins Tschechische übersetzte, verband sie eine kurze Liebe und eine lebenslange Freundschaft. Sie gehörte zu einer Gruppe avantgardistischer linker Intellektueller und lernte in den Kaffeehäusern Prags Max Brod und Franz Werfel kennen. 1936 trat sie in die Kommunistische Partei ein. Nach der Besetzung der Tschechoslowakei durch die Nationalsozialisten arbeitete Jesenská für eine verbotene Zeitschrift und half Juden bei der Flucht nach Polen. Sie starb 1944 im KZ Ravensbrück.

Frigyes Karinthy, 1887 in Budapest geboren, war Schriftsteller, Übersetzer und Journalist. Im Alter von 15 Jahren veröffentlichte er seinen ersten Roman. Seine Erzählungen, Parodien und humoristischen Schriften erschienen in verschiedenen Budapester Zeitungen. Er starb 1938 in Siófok (Ungarn).

Egon Erwin Kisch, auch bekannt als »rasender Reporter«, wurde 1885 als Sohn eines jüdischen Tuchhändlers in Prag geboren. Der Weltbürger Kisch führte ein bewegtes, rastloses Leben. Er war im Ersten Weltkrieg und im Spanischen Bürgerkrieg Soldat. Seine Reportagereisen führten ihn in die Sowjetunion, nach China und in die USA. 1939 floh er über die USA nach Mexiko. Nach dem Krieg kehrte er in seine geliebte Heimatstadt Prag zurück, wo er 1948 starb.

Anton Kuh, 1890 in Wien geboren, war ein österreichisch-jüdischer Journalist, Essayist, Erzähler und Redner. Neben zahlreichen zeitkritischen Prosastücken verfasste er viele scharfzüngige Stehgreifreden, die er selbst vortrug. Von den Nazis als »Kulturbolschewik« verurteilt, emigrierte er 1938 in die USA. Er starb 1941 in New York.

Else Lasker-Schüler wurde 1869 in Elberfeld, heute ein Stadtteil von Wuppertal, geboren. Um die Jahrhundertwende veröffentlichte sie ihre ersten Gedichte. In Berlin lernte sie viele Dichter und Intellektuelle kennen. Mehrere Ehen gingen in die Brüche. Außer Lyrik verfasste sie Schauspiele und Prosa. In ihrer materiellen Not erfand sie prächtige Phantasiefiguren und lief als »Prinz von Theben« verkleidet durch die Straßen, was ihr mehrmalige Verhaftungen einbrachte. Sie starb 1944 in Jerusalem.

Lina Loos, 1884 in Wien geboren, wurde durch ihre kurze, skandalumwitterte Ehe mit dem Wiener Architekten Adolf Loos berühmt. Sie veröffentlichte Feuilletons im Wiener Neuen Tagblatt und im Querschnitt. Außerdem war sie eine bekannte Schauspielerin und Kabarettistin. Nach 1945 engagierte sie sich für die Friedensbewegung. Lina Loos starb 1950 in Wien.

Ferenc Molnár, 1878 in Budapest als Ferenc Neumann geboren, studierte Jura an der Universität Budapest. Er verbrachte jedoch mehr Zeit in den Budapester Kaffeehäusern als im Hörsaal. Nach kurzen Zwischenstationen in Genf und Paris kehrte er nach Budapest zurück und begann, Romane, Dramen und Zeitungsartikel zu schreiben. 1937 floh Molnár vor den Nationalsozialisten nach New York. Dort starb er 1952.

Leo Perutz, 1882 in Prag geboren, stammte aus einer Familie jüdisch-spanischer Herkunft. Er arbeitete als Versicherungsmathematiker und schrieb nebenbei Rezensionen und Erzählungen. In den literarischen Cafés von Wien traf er namhafte Künstler wie Oskar Kokoschka. Nach dem Anschluss Österreichs floh er mit seiner Familie über Venedig nach Palästina. 1950 kehrte er nach Österreich zurück. Leo Perutz starb 1954 in Bad Ischl.

Eduard Pötzl, 1851 in Wien geboren, arbeitete zuerst als Eisenbahnbeamter, bevor er sich dem Journalismus zuwandte. Er schrieb für das Neue Wiener Tageblatt und war als Meister der Lokalskizze bekannt, der typische Wiener Figuren wie den »Gigerl« und den »Herrn

Nigerl« schuf. Er starb 1914 im niederösterreichischen Mödling.

Joseph Roth, 1894 im galizischen Brody bei Lemberg geboren, kämpfte im Ersten Weltkrieg als Freiwilliger. Noch während seiner Militärzeit begann er Berichte und Feuilletons zu schreiben. Er war, wie viele andere Künstler und Schriftsteller dieser Zeit, Stammgast im Wiener Café Herrenhof, wo er auch seine spätere Frau kennenlernte. Später übersiedelte er nach Berlin. Dort verfasste er seine bekanntesten Romane »Hiob« und »Radetzkymarsch«. 1933 musste er Deutschland verlassen. Roth starb 1939 verarmt und alkoholkrank in einem Pariser Armenspital.

Adalbert Stifter wurde 1805 in Oberplan (Böhmen) geboren und zählt heute zu den bedeutendsten Schriftstellern des Biedermeier. Er studierte zunächst Jura, Naturwissenschaften und Geschichte, verließ die Universität jedoch ohne Abschluss. Seinen Lebensunterhalt verdiente er als Privatlehrer in Wiener Adelshäusern. Als er mit dem Schreiben begann, erweckte er schnell öffentliche Aufmerksamkeit. Er schrieb mehrere Novellen und Romane. Adalbert Stifter starb 1868 in Linz.

Friedrich Torberg, 1908 in Wien als Friedrich Ephraim Kantor geboren, stammte aus einer deutsch-jüdischen Prager Familie. Er arbeitete als Sportreporter und Theaterkritiker und verfasste nebenbei seinen ersten Roman »Der Schüler Gerber«. In den Wiener Kaffeehäusern war er Stammgast und lernte dort Schriftsteller wie Joseph Roth und Egon Erwin Kisch kennen. Nachdem seine Werke 1933 von den Nationalsozialisten verboten wurden, emigrierte er in die USA. 1951 kehrte er in seine Heimatstadt Wien zurück, wo er 1979 starb.

Leo Trotzki wurde 1879 in Janowka – heute Bereslawka in der Ukraine – als Sohn jüdischer Kolonisten geboren. Der sowjetische Politiker und marxistische Revolutionär hatte ein bewegtes Leben. Er floh aus seiner Verbannung zu Lenin nach London. Mehrmalige Verhaftungen und weitere Verbannungen folgten. Er kritisierte Stalin, die entstehende Bürokratie und den zunehmenden Totalitarismus der Bolschewiki. Auf Grund dieser Äußerungen wurde er 1927 aus der KPdSU ausgeschlossen und zwei Jahre später des Landes verwiesen. Nach einer Odyssee durch Europa siedelte er 1937 nach Mexiko über, wo er 1940 Opfer eines Mordanschlags wurde.

Berthold Viertel, 1885 in Wien geboren, war nach einem abgebrochenen Philosophiestudium Mitbegründer des Theaters »Wiener Volksbühne«. Er arbeitete als Schriftsteller, Dramaturg, Übersetzer und Theater- und Filmregisseur. 1922 holte ihn Max Reinhardt nach Berlin. Nach der Machtergreifung der Nationalsozialisten ging er ins Exil nach London und New York. 1948 wurde er Regisseur am Wiener Burgtheater. Berthold Viertel starb 1953 in Wien.

Rudolf *Weys*, 1898 in Graz geboren, war Schriftsteller, Journalist und Kabarettist und gründete 1933 die Kleinkunstbühne »Literatur am Naschmarkt im Keller des Café Dobner« sowie 1938 das Kabarett »Wiener Werkel«. Er starb 1978 in Wien.

Georg *Zivier*, 1897 in Breslau geboren, machte im Berlin der zwanziger Jahre als junger Schriftsteller mit seinem Tanzdrama »Xahoh-Tun« auf sich aufmerksam. Er war Autor von Schauspielen, Romanen und Novellen. In den dreißiger Jahren erhielt er Schreibverbot und konnte seine Arbeiten nur unter dem Pseudonym Hans Georg veröffentlichen. Er starb 1974 in Berlin.

Zoltán *Zelk*, 1906 in Érmihályfalva (Ungarn) geboren, stammte aus einer armen jüdischen Familie. Nachdem er sein Studium abgebrochen hatte, trat er 1925 in die Kommunistische Partei ein. Erste Gedichte erschienen 1930 und wurden von der Kritik begeistert aufgenommen. Wegen Beteiligung an der Revolution von 1956 wurde er inhaftiert und zwei Jahre später wieder freigelassen. Sein Werk wurde mit wichtigen ungarischen Literaturpreisen ausgezeichnet. Er starb 1981 in Budapest.

Quellennachweise

Cziffra, Géza von: Erinnerungen an Joseph Roth. Aus: Géza von Cziffra, Der heilige Trinker. Erinnerungen an Joseph Roth. Copyright © 1989 Ullstein Buchverlage GmbH, Berlin

Durieux, Tilla: »Dieses Ehepaar, mit ihrem unglaublich verzogenen Sohn …«. Aus: Tilla Durieux, Eine Tür steht offen. Copyright © 1954 by F. A. Herbig Verlagsbuchhandlung GmbH, München

Frank, Leonhard: »Die Kampfgespräche über Literatur …« Aus: Leonhard Frank, Worte des Gedenkens. In: Kisch-Kalender, Berlin 1955, S. 30. Copyright © Aufbau Verlag GmbH & Co. KG, Berlin

Friedlaender, Otto: Kaffeehaus. Aus: Otto Friedlaender, Letzter Glanz der Märchenstadt. Verlag Carl Ueberreuter GmbH, Wien 1985. Copyright © Gerhard Feldl

Jesenská, Milena: Das wahre Kaffeehaus. Aus dem Tscheschichen von Milan Tvrdík, »Kaffeehauslandschaft Prag«. In: Literarische Kaffeehäuser. Kaffeehausliteraten. Hrsg. von Michael Rössner, Böhlau Verlag, Wien 1999. Copyright © der deutschen Übersetzung: Milan Tvrdík

Kisch, Egon Erwin: Café Kandelaber. Aus: Egon Erwin Kisch, Aus

Prager Gassen und Nächten. Gesammelte Werke in Einzelausgaben. Band 2. Copyright © 1968 Aufbau Verlag GmbH & Co.
KG, Berlin (dieser Band erschien 1968 im Aufbau-Verlag; Aufbau ist eine Marke der Aufbau Verlag GmbH & Co. KG)

Kisch, Egon Erwin: Die Geheimnisse des Salons Goldschmied.
Aus: Egon Erwin Kisch, Hetzjagd durch die Zeit. Gesammelte
Werke in Einzelausgaben. Band 6. Copyright © 1972 Aufbau
Verlag GmbH & Co. KG, Berlin (dieser Band erschien 1972
im Aufbau-Verlag; Aufbau ist eine Marke der Aufbau Verlag
GmbH & Co. KG)

Kuh, Anton: Café de l'Europe. Aus: Zeitgeist im Literaturcafé.
Hrsg. von U. Lehner. Löcker Verlag, Wien 1983. Copyright ©
Thomas Sessler Verlag GmbH, Wien

Lasker-Schüler, Else: Unser Café. Ein offener Brief an Paul
Block. Aus: Else Lasker-Schüler, Der Prinz von Theben. Ein
Geschichtenbuch. Copyright © 1996 Suhrkamp Verlag, Frank-
furt am Main

Loos, Lina: Unsre Mutter. Aus: Lina Loos, Das Buch ohne Titel.
Böhlau Verlag, Wien 1953. Copyright © Nachlass Lina Loos

Molnár, Ferenc: Lencsés. Aus: Ferenc Molnár, Der Vormittag des
Redakteurs, Berlin 1999. Copyright © the Trust under the will
of Lili Darvas Molnár and the Trust for the benefit of Lukin,
Horvath and Sarkozi. Abgedruckt mit freundlicher Genehmigung von Josef Weinberger Ltd., London für Lisa Alter Esq.
im Namen der Rechteinhaber. Copyright © für die deutsche
Übersetzung von Vera Thies: Eulenspiegel Verlag, Berlin

Perutz, Leo: Zwischen halb zwölf und zwölf. Aus: Leo Perutz, Zwischen neun und neun. Herausgegeben und mit einem Nach-
wort von Hans-Harald Müller. Copyright © 1993 Paul Zsolnay
Verlag, Wien

Torberg, Friedrich: Traktat über das Wiener Kaffeehaus / Cafe de
l'Europe. Café Imperial. Aus: Friedrich Torberg, Tante Jolesch
oder der Untergang des Abendlandes. Copyright © 1975 Lan-
genMüller in der F. A. Herbig Verlagsbuchhandlung GmbH,
München

Trotzki, Leo: Erstaunen im Café Central. Aus: Leo Trotzki, Mein Leben. Copyright © 1929 by S. Fischer Verlag A.-G., Berlin. Alle Rechte vorbehalten. S. Fischer Verlag GmbH, Frankfurt am Main

Viertel, Berthold: Erinnerungen an Peter Altenberg. Aus: Berthold Viertel, Dichtungen und Dokumente. Hrsg. von E. Ginsberg. Kösel Verlag, München 1956. Copyright © Edith Kramer

Weys, Rudolf: Schale Nußgold oder Die Kellnerprüfung. Aus: Rudolf Weys, Literatur am Naschmarkt. Kulturgeschichte der Kleinkunst in Kostproben. Wien 1947. Copyright © Thomas Sessler Verlag GmbH, Wien

Zelk, Zoltán: Der Traum. Aus dem Ungarischen von Pal Deréky. Aus: Pal Deréky, »Die Kaffeehausliteratur in Budapest (1890–1940)«. In: Literarische Kaffeehäuser. Kaffeehausliteraten. Hrsg. von Michael Rössner, Böhlau Verlag, Wien 1999. Copyright © der deutschen Übersetzung: Pal Deréky

Zivier, Georg: Debattierer und Spekulanten. Aus: Georg Zivier, Das Romanische Café. Erscheinungen und Randerscheinungen rund um die Gedächtniskirche. Haude & Spenersche Verlagsbuchhandlung, Berlin 1968

Zweig, Stefan: »*Aber unsere beste Bildungsstätte für alles Neue …*«. Aus: Stefan Zweig, Die Welt von gestern. Copyright © 1944 Bermann-Fischer Verlag A. B., Stockholm